股权兵法

GUQUAN BINGFA

李明泽◎著

图书在版编目（CIP）数据

股权兵法/李明泽著 . —北京：经济管理出版社，2018.9
ISBN 978-7-5096-5916-8

Ⅰ.①股… Ⅱ.①李… Ⅲ.①股权—基本知识 Ⅳ.①F830.91

中国版本图书馆 CIP 数据核字（2018）第 169668 号

组稿编辑：丁慧敏
责任编辑：任爱清
责任印制：黄章平
责任校对：赵天宇

出版发行：经济管理出版社
　　　　　（北京市海淀区北蜂窝 8 号中雅大厦 A 座 11 层　100038）
网　　　址：www.E-mp.com.cn
电　　　话：(010) 51915602
印　　　刷：三河市延风印装有限公司
经　　　销：新华书店
开　　　本：720mm×1000mm/16
印　　　张：16.5
字　　　数：233 千字
版　　　次：2018 年 10 月第 1 版　2018 年 10 月第 1 次印刷
书　　　号：ISBN 978-7-5096-5916-8
定　　　价：48.00 元

序 言

我与股权的"情缘"

作为一名长期在企业一线从事管理实践与管理研究的平凡工作者，在我近20年的职业生涯中，服务过近千家企业，其中既有规模大、效益好的企业，也有"小而美"、濒临破产的企业。若干年前，也曾从零起步，参与一家实体企业的创业，三年做到十多亿元的产值。经历过"同甘共苦、同床异梦、同室操戈、同归于尽"的创业四步曲，也体验过刻骨铭心的股权与控制权之争。

关于我与股权的"情缘"，还要从北京钓鱼台国宾馆说起，记得那是2008年，我第一次系统地接触股权课程，从此与股权结缘，爱不释手，茶余饭后都在研究股权。2015年2月9日，我踏上了飞往成都的飞机，选择专注做股权这一件事，开启了一段新的人生旅程，从职业经理人转型股权专家，专注为企业提供股权培训与咨询服务。

在现实工作中，几乎每天都会收到来自各行各业的高级职业经理人和企业家的电话、微信和电子邮件，时时感受着他们在股权围城中的挣扎和迷茫。每天面对不同的客户，每周在不同的城市，每次坐最早的航班出发，坐最晚的航班回家，看似衣着光鲜，其实挑战大于快乐，疲惫多于成长，这就是我的股权人生。

近几年，我投资了一家国际化的青少儿素质教育连锁机构，虽然看似"花心"了，但对于股权的热爱，从未减少，经营企业，本身就是经营股权，股权已经是我生命的一部分，是我一生的事业，我立志余生做一名股权工匠。

2008~2018年，接触股权快十年了，辗转于大半个中国，一直想写一本有关股权的书，但由于时间、能力、经验的关系，一直未能提笔，直到一次跟朋友去澳门，经历了一些事情，遂下定决心，拿起笔写下了这篇序言。所以说本书是构思于香港，起笔于澳门，封笔于北京，历时两年多，九易其稿，终于成书。

这本《股权兵法》，应该是一本"在路上的书"，它是近三年作者穿梭于香港、澳门、北京、上海、广州、深圳、天津、海口、三亚、成都、重庆、苏州、杭州等城市，利用业余时间写成的，每天晚上8点到凌晨1点，基本是我写作的时间，在写作的过程中，记录了我当时所在城市的位置。城市的位置，对于读者来说可能没有太大的意义，但是对于我来说这里记载了我的股权心路历程。

这本书的特点在"用"而不在"创"，在"借鉴"而不在"照搬"，有些东西是作者自己的，但更多东西是借鉴国内外同行的，在此一并感谢。股权类的书籍，与管理类书籍不同，涉及的法律相对较多，具有刚性，很难做出原创、写出思想，大多是工具和技术，本书也不例外。鉴于我的年龄、能力和经验，本书可能还有很多不成熟的地方，还望各界朋友批评指正。对于书中出现的任何表达不清楚的语句和观点，可以致电我的助理咨询，张老师：15810312989。

做学问的人都知道，要耐得住寂寞才守得住繁华！作为股权专家和企业家，在当下这个浮躁的时代，更要给自己内心一片干净的田地。股权领域的未知非常多，谁也不知道未来会怎样，但我期待着与您一起分享这个领域最新的理论与知识。

本书在写作过程中，得到了家人及亲朋好友的支持，在此也一并感谢！最后，祝您阅读愉快！如果有疑问，也欢迎深入切磋交流！

李明泽

2016年12月于澳门

前　言

"万宝之争"给公司治理与股权布局带来的思考

2015 年 12 月初，在资本市场上主演了一场没有硝烟的战争：一则"万科第一大股东易主"的消息在财经圈和媒体圈得到广泛传播，一方耗资数百亿元人民币在资本市场收购另一方的股票，让万科 A 的股票近日连续拉几个涨停板，直接冲到 24 元以上，涨幅近七成，表现相当惊艳。这给比较平淡的 A 股市场带来了一大兴奋点，成为 2015 年末地产行业和资本市场的一声惊雷。

对于宝能系收购股票的行为，王石和万科管理层不欢迎"宝能系"成为其第一大股东。王石在北京万科内部谈话中表示，宝能系增持到 10% 的时候，自己曾在冯仑的办公室见过宝能系的老板姚振华，双方谈了四个小时。宝能系掌门人姚振华曾经承诺，宝能系成为大股东之后，王石还是旗手。生性直白的王石当时表态："你想成为第一大股东，我是不欢迎的。"尽管王石直言不欢迎，但宝能系在回应中称，旗下公司经营合法合规，恪守法律，没有问题，并且呼吁外界相信市场的力量。

"万宝之争"更多引发的是对现代公司治理的制度安排与股权布局模式进行反思：对于企业来说，特别是上市公司，将所有权与经营权分离，不仅有利于企业的发展，还能保障小股东的利益，避免任何法人以资本强势注入，剥夺原本经营得非常优秀的企业的经营权。

抛开"万宝之争"不论，如果单从公司治理与股权布局的意义上来说，本书应该成为企业家学习公司治理、股权设计、股权投融资、股权激励的工具书!

首先,本书从企业的股权布局入手,讲述了公司治理之道、合伙人股权结构设计以及合伙人股权的进入与退出机制。其次,引入股权资本,分别从股权投资、股权融资、股权众筹等方面阐述了股权的重要。最后,提出股权激励,分别介绍了股权激励的发展、模式、要素、落地及法律问题的处理。案例典型,分析详尽,语言平实,内容翔实,是一本不可多得的"股权百宝书"!

企业发展呼唤股权,股权,企业制胜的不二法门!

目　录

```
第一篇　股权布局
```

第二篇　股权资本

第三篇 股权激励

第一篇　股权布局

第一章

公司治理之道

公司治理的出发点是"抑恶扬善，打造利益共同体"，就是规范创立公司的人、出钱投资的人、管理公司的人之间的责、权、利的制度性设计。具体来说，公司治理需要首先了解内部治理和外部治理这两种模式，遵循一定的原则、依照相关法律法规，按步骤进行制度设计，做好公司控制权顶层设计，以把握公司控制权，明确公司章程可自主约定的事项，把握董事会制度这一公司治理的核心。

第一节 公司内部治理和外部治理

公司治理是指通过一套包括正式的或非正式的、内部的或外部的制度或机制来协调公司与所有利害相关者之间的利益关系，以保证公司决策的科学化，从而最终维护公司各方面的利益的制衡机制。

公司治理主要包括内部治理和外部治理，这两种模式涵盖了公司治理的方方面面，如管理制度、股权激励、企业投融资、公司战略执行与创新等。公司只有在内部治理机制和外部治理机制同时作用的情况下，才能够达到公司的良好治理，从而实现公司治理的目标。

一、公司内部治理机制

公司内部治理机制，即通常所说的公司法人治理结构，是指公司控制权在由出资者、董事会、经理和监事会组成的内部机构之间的分配达成的一套制度的安排。其重点在于通过公司内部机构之间进行分权制衡，保障企业安全高效运行的目的。民商法博士刘俊海教授在其所著的《公司法学》中强调了公司的内部自治，并且列出了公司内部要实现良好治理的要求：一是公司治理应当具备透明度；二是公司治理应当具备问责性；三是公司治理应当尊重股东价值；四是公司治理应当弘扬股东平等精神；五是公司治理应当强化公司的社会责任；六是公司治理应当具备民主性。

内部治理主要是建立决策机制、监督机制、制衡机制、内控机制、激励约束机制，如表1-1所示。

表1-1 公司内部治理五大机制

机制	内容与实操
决策机制	建立公司治理制度的初衷，就是通过实施董事会集体决策，建立起科学决策的机制，制约和防范"一言堂"下的公司治理风险及内部人控制问题，但制度设计预期与现实总是有差距的。如中信泰富2008年签订的42亿美元杠杆式外汇买卖合约，由于董事会决策机制的缺失，导致155亿美元巨额亏损事件。健全决策机制必须遵循董事会集体决策的原则，做到过程透明、程序合规、论证充分、监督到位，避免决策走过场，尤其对涉及投资及股权变动方面重大决策过程的合规性，应作为监事会及外部审计、政府监管、纪检监察等部门履行职责关注的重点，通过强化外部监管，促进企业董事会决策机制不断完善

续表

机制	内容与实操
监督机制	监督弱化是一个普遍性问题，董事会对经营层执行力和风险管理缺乏有效的监督渠道和手段；监事会的作用更为有限，在现实体制下，企业监事会大多关注财务监督，重点对集团下属公司进行监督，但在对董事会及公司高管监督方面很难履行《中华人民共和国公司法》（以下简称《公司法》）赋予的职责，董事长或总裁担任党委书记，监事长是副书记或委员，其薪酬又是由董事会提交股东大会决定，在这种情况下，监事会很难对董事会有效履行监督职责，这是中国目前公司治理体制的缺陷之处，监事会或纪检监察部门只是形式上独立，然而实际上不独立，例如，有多少贪腐案件是由内部发现的？监督机制受制于监督体制，而体制问题只能依赖于深化相关体制改革来解决
制衡机制	制衡是公司治理最重要的机制，公司治理制度就是要使各利益主体在权利、义务、责任和利益间相互制衡，共同对股东负责。但在股权高度集中的企业，制衡机制很难发挥作用，有些股东不按公司治理规则办事，在股东大会之外干预董事会运作，董事会缺乏独立性；有些企业经营层不按公司治理规则办事，给董事提供信息不及时、不充分、不全面，甚至到了董事会上才拿出表决议案，形成倒逼表决局面；有些企业董事长不按公司治理规则出牌，干预或参与日常经营管理工作，决策与执行角色划分不清
内控机制	内控意识淡薄是国企通病，也是公司治理的薄弱环节。控制风险是董事会最重要的职责，是公司治理必须坚守的底线。对出现的问题，企业应从公司治理角度深入剖析董事会未能有效履行职责的原因，查明原因，落实责任，通过问责手段来增强董事责任，避免董事会流于形式、走过场
激励约束机制	目前的主要问题并非是激励过度或不足问题，而是这个机制是否真正发挥了激励与约束作用，有些企业没有完善的考评制度，奖金发了不少，仍然是大锅饭。因此，既要建立透明、公正、严格按业绩分配的机制，也要注意防止激励过度对大家思想的误导，助长非理性逐利行为；另外还要改变激励分配不考虑长期利益及风险的问题，有些企业依靠短期业绩发放高额奖金，而潜在的风险及可能导致的损失则由国家和纳税人来埋单，解决这些问题应立足治本，主要靠完善机制及强化监管来解决

二、公司外部治理机制

公司外部治理机制，是为了弥补公司治理内部机制的缺陷而设置的，它主要包括以下两个方面：一是市场监督机制，即出资者通过包括由产品及要素市场、董事经理市场、金融与资本市场、并购市场和控制权市场等构成的市场体系对经营者进行监督；二是法律制度保障机制，包括法律基础、监督制度、信息披露制度等。

作为外部治理制度的市场监督机制和法律保障机制，是公司治理制度中的基础制度。市场监督机制除了为公司的治理提供有效的监督之外，还可以监督公司高管的行为，防止"道德风险"的发生，保障大小股东的利益，促进公司实现其目标；法律保障机制为公司治理提供制度基础，建立起一套公平的公司竞争机制和治理机制，当然也同时提供有效地监督，如司法救济等。总之，公司治理的外部约束机制与某些内部治理制度安排在功能上存在替代、协同的作用，它们作为一个整体体现出对公司经营绩效的影响。

在公司治理的两种模式中，外部治理机制处于主动地位，而内部治理机制则是以外部治理机制为基础的，它是外部治理的内生性制度安排。这就是说，作为公司内部治理，必须要适应外部的机制，并且将外部和内部机制有效地结合起来，才能够实现公司治理的目的。

第二节 公司控制权顶层设计

公司控制权顶层设计是公司治理的重点之一，尤其是在创业初期。创业公司在引入风险投资后，如果运营不如预期而触发某些投资条款（如对赌条款），创始人将会失去对公司的控制权。这种案例不在少数，例如，俏江南之于鼎晖，吴长江之于软银赛富，永乐之于摩根士丹利。此间，我们大多看到的是该企业自此走下坡路或者不成功的结局。那么，创始人如何防止控制权旁落，就成为公司治理的重点之一。

怎么样才能牢牢地把握住对公司的控制权？其方法有 AB 股、金字塔结构、有限合伙、合伙人制、投票权委托和一致行动人协议、控制董事会席位、

VIE 结构等。

一、AB 股

AB 股也叫牛卡计划，也可以叫双股权，是舶来品。简单讲就是公司里存在两种股权，工商意义的性质是一样的，只是表决权不一样。举例来说，我占股 30%，实现不了控制，但是我如果要求在表决权上放大，那也能实现对公司的控制。AB 股的本质就是把所有权和表决权分离，放大表决权。

百度推出的 AB 股是一种反恶意收购计划，这一股权设计计划称作"不同表决权股份结构"。具体计划是这样，将上市后的百度股票分为 A 类、B 类股票。这个计划的关键在给予每股的表决权上：流通股为 A 类股票，每股为 1 票，创始人所持股票为 B 类股票，其表决权每股为 10 票。但这两类股票的分红权是完全一样，只有在表决的时候，B 类股票的表决权乘以 10 倍。这样一来，原始股东在股东会表决公司重大事务的时候将具有极大的表决权和影响力。这些重大事务包括董事选举、重大公司交易、兼并投资、出售公司资产、聘用 CEO 等。很显然，这种表决权的集中将有效地阻碍他人窥探公司的野心。具体到百度本身，只要公司创始人所持股份在 11.3% 以上，即可获得对公司的绝对控制权。现在，单李彦宏一个人的实际股份就有 25.8%，除非他想卖掉百度，任何想通过股票市场收购百度的企图都将成为泡影。凭借"牛卡计划"，李彦宏可以把百度牢牢控制在自己手中，凭借自己在中国互联网搜索引擎市场上的影响力，和谷歌这样巨头周旋。

二、金字塔结构

金字塔结构是指公司实际控制人通过间接持股形成一个金字塔式的控制链实现对该公司的控制。在这种结构下，公司控制权人控制第一层公司，第一层公司再控制第二层公司，以此类推，通过多个层次的公司控制链条取得对目标公司的最终控制权。金字塔结构是一种形象的说法，就是多层级、多链条的集团控制结构。

三、有限合伙

所谓有限合伙，即通过有限合伙企业的形式归集表决权。随着公司 A 轮、B 轮以及后面多轮融资的进行，创始人要想保持 50% 的股权可能性并不大，为此可以通过设立有限合伙企业的形式把小股东的表决权归集到创始人的手上，增加创始人手上表决权的数量。创始股东要作为有限合伙企业的普通合伙人（GP），其他股东为有限合伙人（LP）。

根据我国《合伙企业法》的规定，有限合伙企业是由普通合伙人来控制的，有限合伙人是不能参与有限合伙企业的经营管理和决策的，因此创始股东就控制了这个有限合伙企业所持有的目标公司的表决权。

四、阿里合伙人制度

2013 年在阿里巴巴集团 14 周年庆时马云宣布：

从 2010 年开始，集团就开始在内部试运行"合伙人"制度，每年都会选拔新的合伙人加入。合伙人，既是公司的运营者、业务的建设者、文化的传承者，还是股东，能够坚持公司的使命和长期利益，为客户、员工和股东创造长期价值。在过去的三年，我们认真研究合伙人章程，对公司重要的决策深入讨论，积累了很多经验。在三年试运行基础上，我们相信阿里巴巴合伙人制度可以正式宣布！要想成为阿里巴巴合伙人，必须具备以下几个条件：在阿里巴巴工作五年以上，具备优秀的领导能力，高度认同公司文化，为公司发展做出了积极性贡献，愿意为公司文化和使命传承竭尽全力……我们相信只有热爱公司、使命驱动、坚持捍卫阿里文化的群体，才能抗拒外部各种竞争和追求短期利益的压力。

不同于多数现行的合伙人制度，我们建立的不是一个利益集团，更不是为了控制公司权力，而是一种企业内在的动力机制。此机制传承我们的使命、愿景和价值观，促进阿里创新不断，促使组织更加完善，在未来的市场中更加灵活，更有竞争力。希望阿里巴巴合伙人制度能在公开透明的基础上，弥补目前资本市场短期逐利趋势对企业长远发展的干扰，给所有股东更好的长期回报。

2012年阿里巴巴确立了"合伙人"制度，他们以创立阿里巴巴时居住的小区湖畔花园为名，将其定名为"湖畔合伙人"。阿里控制权的编排内容如下：

（1）如果阿里合伙人提名的董事会成员没有获得股东大会的通过，合伙人有权委任一名临时董事。

（2）阿里分别同软银、雅虎和中投达成一致，在未来的董事会投票中基本上支持阿里合伙人团队。

（3）阿里合伙人提名董事的权力可以写到公司章程中，变成一条"法律"。如果想改变章程，必须有95%的股东投票通过，而马云一个人就持有8.9%的股权。

（4）阿里规定，只有永久合伙人能一直作为合伙人直到退休或死亡，或丧失行为能力，或被选举除名。目前，阿里的永久合伙人只有马云和蔡崇信。

（5）选举新的合伙人，需得到所有合伙人75%的投票支持；罢免合伙人，只要得到所有合伙人51%的股票支持即可。

阿里巴巴的合伙人制度独一无二！在所有的互联网企业里，阿里的文化是最强的。阿里出身的人，一般都有着极强的社会责任感，阿里合伙人制度更强调了合伙人的文化认同和价值观，也是阿里合伙人制度的一个显著特点。

2005年雅虎以10亿美元加雅虎中国资产的代价，换取了阿里巴巴集团39%的股权，之后马云一直都担负着控制权的隐患。2011年，马云将支付宝从阿里巴巴旗下转入自己的公司，引发争议；2012年，阿里巴巴与雅虎谈判赎回股份，马云尝试使用了各种手段，用以挽回自己所犯的错误。

五、投票权委托和一致行动人协议

如果核心创始人不掌握公司的多数比例股权，但是其他股东又同意让核心创始人说了算，那怎么解决这个问题呢？可以用投票权委托和一致行动人协议，使其他股东的投票权变相地集中到核心创始人身上。

所谓投票权委托，即通过协议约定，某些股东将其投票权委托给其他特定股东行使。例如，曾投资过 Facebook、Groupon、Zynga、京东商城与阿里巴巴等互联网明星企业的投资基金 Digital Sky Technologies（DST），一直就有全力支持被投资企业 CEO 的传统，通常都会将其大部分投票权委托给被投资企业 CEO 行使。根据京东的招股书，在京东发行上市前，京东有 11 家投资人将其投票权委托给了刘强东行使。一致行动人协议是通过协议约定某些股东就特定事项采取一致行动。当意见不一致时，跟随创始人股东投票。一致行动人协议在境内外上市公司中都很常见，境内上市公司如网宿科技、中元华电、海兰信都有涉及。

六、控制董事会席位

控制董事会是创始人控制公司的另一重要途径。控制董事会最重要的法律手段是控制董事的提名和罢免。但现实中，公司的投资人往往要求董事任免权，而公司往往也需要创始人之外的董事助力公司的发展。所以，创始人需要注意控制董事会的人数以及创始人任命的董事人数。

一般来说，在 A 轮融资时，就可以设置七名董事，A 轮投资人可以委派一名董事，创始人团队委派六名董事；这样在第三轮融资的情形下，创始团队还可以占据四席的董事会席位。公司尽量将外部董事席位留给对公司发展具有战略意义的（投资）人，随着外部董事的增加而扩充董事总人数，尽可能保持创始股东控制半数以上董事人数。

七、VIE 结构

VIE 结构，即可变利益实体（Variable Interest Entities，VIEs），也称为"协议控制"，为企业所拥有的实际或潜在的经济来源，但是企业本身对此利益实体并无完全的控制权，此利益实体系指合法经营的公司、企业或投资。

VIE 结构是一个变通结构，一般是由外国投资者和中国创始股东（自然人或法人）成立一个离岸公司，再由上市公司在中国境内设立一家外商独资企业从事外商投资不受限制的行业。例如，最典型的技术咨询服务业，这类公司对境内的运营公司提供实际出资、共负盈亏，并通过合同关系拥有控制权，最终实现外国投资者间接投资原本被限制或禁止的领域。

总的来说，资本是把"双刃剑"，创业者在初期公司治理过程中，必须慎重考虑公司控制权的问题，未雨绸缪地在法律框架下事先合理设计股权结构和相关创始人权益保护机制。

第三节　公司章程与"三会一层"

公司章程是指公司依法制定的，规定公司名称、住所、经营范围、经营管理制度等重大事项的基本文件，也是公司必备的规定公司组织及活动基本规则的书面文件。公司章程也是公司对政府和经济利益相关方的书面承诺，使得公司对外的经济行为有了法律约束，不符合章程的行为将受到法律干预。

公司章程要致力于建立相互依赖又相互制衡的"三会一层"（股东大会、董事会、监事会和高级管理层）的公司治理结构。公司章程确定了"三会一层"的权利、义务和基本议事方式，是公司设立的最基本的法律文件。

一、公司章程是公司的宪法

《公司法》中最经典的一句话是什么？我觉得非这句莫属："公司章程另有规定的除外"。《公司法》中强行性规范和任意性（授权性）规范并举，其中强行性规范一般只能严格遵守，但任意性规范却为股东们提供了结合自身需求灵活设计合作模式的机会。

在现实工作中，人们都不大重视公司章程，以为只是个手续而已，但章程作为公司"宪法"级文件的重要性，被越来越多的创业者所了解，并希望充分利用授权性条款设计最适合自己的章程。

与原《公司法》相比，2006 年《公司法》最大的亮点是充分尊重股东意思自治，众多公司治理上的问题允许股东自行决定，并在公司章程中明确；2013 年的修正，使股东自治的空间进一步扩大，这些看似轻描淡写的规则变化、放权、授权，具有重要的实务价值。下面对《公司法》授权公司章程可自由约定事项汇总介绍，并抛砖引玉，对其实务价值简要分析。

1. 法定代表人

《公司法》第十三条规定，公司法定代表人依照公司章程的规定，由董事长、执行董事或者经理担任，并依法登记。

在实务中，按照《公司法》设定的公司治理架构，董事会是公司经营层面的最高决策机构，董事长是董事会的组织者、代表人；总经理（《公司法》的用语是"经理"，民众的习惯用语为"总经理"，本书使用"总经理"一词，取《公司法》"经理"之意）是公司经营的组织实施者、执行者。法定代表人是依法对外代表公司的人，其法律意义上的言、行，均可被视为公司的言行。这个公司的代表由谁担当，是公司决策层的代表人董事长，还是执行层的掌舵者总经理，是个让立法者很纠结的事情，最终《公司法》决定将选择权交给股东。

从实务角度分析，法定代表人的重要意义在于：通过印章使用、文件签署控制公司的重大经营活动，对外代表公司开展业务。

股东在决定法定代表人的选任时，一般要权衡以下因素，如表 1-2 所示。

表 1-2　股东在决定法定代表人选任时需要权衡的因素

因素	含义
信任与制衡	从权力位阶上来看，董事长高于总经理，当法定代表人的身份赋予董事长时，董事长的实际权力大增；当法定代表人的身份赋予总经理时，由于公司的经营由总经理组织实施，同时又能对外代表公司，故总经理的实际权力大幅膨胀，且存在架空董事会、董事长的可能。如何在董事长、总经理身上分配公司经营管理的掌控权，需由股东综合考量

续表

因素	含义
公司控制权	对公司运营的参与、控制程度，是每个股东十分重视也应该重视的问题。从实务角度看，决定公司控制权的因素有：公司法定代表人，董、监、高的构成，公司及法定代表人印章管理，财务资料的掌控等。其中，法定代表人及印章对控制权有特别重要的意义。当一方股东提名董事长人选，另一方股东推荐总经理人选时，法定代表人由谁担任，财务负责人由谁提名，对公司控制力将直接产生重大影响
董事长、总经理的身份特征	当董事长为股东推选，总经理为社会招聘的职业经理人时，法定代表人一般不宜由总经理担任。当董事长、总经理一方不符合法定代表人的任职条件时（如被工商局列入禁止担任法定代表人的黑名单），只能由另一方担任

在实务操作中，可以在公司章程中明确约定公司法定代表人由董事长、执行董事或总经理担任，落实到职位层面，不落实到自然人，以免人员变动导致公司章程的修订。

2. 对外投资、对外担保

《公司法》第十六条规定，公司向其他企业投资或者为他人提供担保，依照公司章程的规定，由董事会或者股东会、股东大会决议；公司章程对投资或者担保的总额及单项投资或者担保的数额有限额规定的，不得超过规定的限额。

投资有风险，决策须谨慎。对外担保，可能使公司因承担连带债务而遭受重大损失。此两类行为，《公司法》将其交由股东自行决定，但要求在公司章程中明确下来。明确的内容包括：是股东们自行决策，还是授权董事会决策；投资或担保的单笔以及总额额度限制等问题。

考虑到投资或担保均可能对股东权益造成重大影响，故一般由股东自行决定比较稳妥，即由股东会或股东大会决议；当股东对董事会足够信任时，可考虑授权董事会决策。

此外，担保决策自治权仅限于对外担保。当公司为公司股东或者实际控制人提供担保时，必须经股东会或者股东大会决议；且前款规定的股东或者受前款规定的实际控制人支配的股东，不得参加前款规定事项的表决；该项表决由出席会议的其他股东所持表决权的过半数通过。

对外投资、对外担保的决策可在股东会或股东大会职权，或者董事会职权部分阐释；也可以单独成条，专项表述。从清晰明了角度出发，建议独立成条、专项表述，甚至可以与其他核心关切的问题组成专章进行约定。无论何种形式，均应对决策机构、投资限额等内容界定清楚。

3. 股东出资时间

《公司法》第二十五条、第二十六条规定，有限责任公司的注册资本为在公司登记机关登记的全体股东认缴的出资额，股东的出资时间应在公司章程中载明。

实务中采用实缴资本制时，当公司设立时股东即应缴足全部注册资本。后来采用实缴资本与认缴资本相结合的折中态度，公司设立时应出资到位的金额不得低于注册资本的20%，且为后续注册资本的到位时间规定了2年或5年的最长期限。

目前，除有特殊限制的主体之外，彻底采取认缴资本制。股东的认缴出资额、出资时间，完全由股东自行约定并在章程中载明。股东按约定时间足额完成出资即可。当约定的出资时间到期，但股东认为需要延期的，可以通过修改公司章程的方式调整出资时间。

此外，公司章程约定出资时间还有两层实务价值：一是到期股东负有向公司缴足当期出资的义务，当该项义务未完成时，公司的债权人可向股东要求履行出资义务，用于偿还公司债务；二是未履行当期出资义务的股东，应当向已按期足额缴纳出资的股东承担违约责任。

对于银行、保险、金融、基金、投资等特殊类别的公司，仍有注册资本额度及缴付时间的限制。实务中，遇到特殊类别公司的注册，应先梳理、研究行业监管的法律及政策要求。

对普通公司，《公司法》充分放权，但本人建议股东根据项目的发展规划、资金使用计划、股东自身的资金筹划等因素，设定合理、可行的认缴出资额度及实际出资时间。

4. 红利分配、增资认缴

《公司法》第三十四条规定，有限责任公司股东按照实缴的出资比例分取红利；公司新增资本时，股东有权优先按照实缴的出资比例认缴出资。但是，全体股东约定不按照出资比例分取红利或者不按照出资比例优先认缴出资的除外。

实际上，股东在背景、能力、资源、诉求等方面均会有所差异，有的股东并不看重对公司的实际控制，愿意从治理结构上让渡一部分权力，但同时希望在红利分配上做适当倾斜。对此，《公司法》给出了一个一般规则，即股东按照实缴的出资比例分取红利；但同时充分尊重股东意思自治，允许股东以约定方式改变红利的分配规则，改变后的分配比例、方式没有任何限制，完全由股东商定。

从实务角度分析，以下几个问题值得注意，如表 1-3 所示。

表 1-3　红利分配、增资认缴需要注意的问题

序号	内容
1.	有限责任公司可将红利部分或全部优先向一部分股东分配；可以在不同的股东之间按不同的比例分配；可以约定优先满足部分股东固定比例的收益要求，剩余部分再由全体股东分配等，《公司法》无特别限制
2.	红利分配可由股东自行约定的前提是：当公司盈利时，有可分配利润。当公司亏损时，不做分配；当公司微利时，无法满足部分股东固定比例收益要求，仅能以可分配利润向该部分股东分配，非红利部分的资产不得随意分配
3.	关于"优先股"问题，实务中，有的企业会要求按"优先股"概念设计股权结构，即部分股权持有人优先于普通股股东分配公司利润和剩余财产，但参与公司决策管理等权力受到限制。实际上，我国《公司法》并未明确设计优先股制度，目前国务院层面也仅在开展优先股的试点工作，且限于特定的股份有限公司。就有限责任公司而言，《公司法》允许股东对股东会议事项规则自行约定，允许公司红利分配由股东约定，利用这种制度放权，已经可以在有限责任公司范围内，由股东自行设计"优先股"制度了

关于增资认缴，一般原则是股东有权优先按照实缴的出资比例认缴增资，

股东可以通过约定的方式改变此项原则。

对红利分配、增资认缴的约定，《公司法》并未要求必须在公司章程中体现。实务中，可以在公司章程中约定，也可以由全体股东以其他方式约定。但是，考虑到工商、税务、审计等部门执法水准以及对法律理解的差异，建议在公司章程中约定清楚，可以节省众多不必要的解释、沟通工作。

5. 股权转让的条件

《公司法》第七十一条规定：有限责任公司的股东之间可以相互转让其全部或者部分股权。

在实务中，股东向股东以外的人转让股权，应当经其他股东过半数同意。股东应就其股权转让事项书面通知其他股东征求同意，其他股东自接到书面通知之日起满三十日未答复的，视为同意转让。其他股东半数以上不同意转让的，不同意的股东应当购买该转让的股权；不购买的，视为同意转让。

经股东同意转让的股权，在同等条件下，其他股东有优先购买权。两个以上股东主张行使优先购买权的，协商确定各自的购买比例；协商不成的，按照转让时各自的出资比例行使优先购买权。

公司章程对股权转让另有规定的，从其规定。

有限责任公司具有很强的人合性特征，股东间的彼此了解、相互信任是合作的基础。基于此，当股东间转让股权时，因不会引入新的股东，故无须其他股东同意；当股东对外转让股权时，因会引入新的"陌生"股东，故赋予其他股东优先受让以排除"陌生"股东进入的权利，但同时又设定此类优先受让应是"同等条件下"的，以防止转让人的正当权益受到损害。

《公司法》在设定了一系列的转让规则之后，允许股东不按《公司法》设定的转让规则处理，而由股东约定新的转让规则并在公司章程中载明。这意味着，只要股东对股权转让规则在章程中有了明确约定，即可按约定方式转让。根据实际需要，股东的约定可能使转让更加简化，甚至简化到无须征得同意、无须通知；也可能使转让变得更加复杂，甚至限制部分股东的转让股权。无论怎样，这种允许股东以事先约定的规则转让股权的做法，都具有重要的实务意义。

对该问题应充分重视，并应向股东重点提示。股东确有特殊需求，如希望能够灵活退出，或者希望限制某些技术股东退出，则应在公司章程中载明。

6. 股东会职权、召集程序、表决权、议事方式和表决程序

（1）股东会职权。《公司法》第三十七条规定，公司章程可对股东会的其他职权进行规定。

（2）股东会召集程序。《公司法》第四十一条规定，召开股东会会议，应当于会议召开十五日前通知全体股东；但是，公司章程另有规定或者全体股东另有约定的除外。

（3）股东表决权。《公司法》第四十二条规定，股东会会议由股东按照出资比例行使表决权；但是，公司章程另有规定的除外。

（4）议事方式和表决程序。《公司法》第四十三条规定，股东会的议事方式和表决程序，除本法有规定的之外，其他由公司章程规定。

《公司法》规定了十项必须由股东会行使的职权；规定了股东会会议作出修改公司章程、增加或者减少注册资本的决议，以及公司合并、分立、解散或者变更公司形式的决议，必须经代表 2/3 以上表决权的股东通过。除此之外，在股东会职权的增设、股东会召集程序、股东表决权、议事方式和表决程序等方面均充分允许股东自行约定并在章程中载明。这一系列充分放权的重要实务意义包括但不限于以下方面，如表 1-4 所示。

表 1-4　充分放权的重要实务意义

序号	内容
1.	股东会的内部治理绝大多数内容均可由股东自行决定。股东可以根据实际需要，充分体现各自的利益诉求
2.	财务投资者可以对公司经营有更大的影响力。财务投资者不以控股为目的，一般持有公司小比例股权。通过增设股东会职权、设计合理的表决权制度（如特别事项的一票否决权），可对公司经营管理中的重大事项进行表决甚至否决，进而有效地控制投资风险

序号	内容
3.	使股东让渡部分经营决策权以换取其他方面的优惠成为可能，股权在一定程度上的结构化设计有了制度空间，例如，前文提到的"优先股"之事

《公司法》尊重股东自治，但不意味着自治内容越多越好。从思维习惯来看，《公司法》规定的规则是被普遍认知、接受的，股东大幅调整时，容易因不符合思维惯性而被忽略掉，造成"违规"。因此，除非确有必要，尽量少做调整；但如果做了调整，则建议对调整部分重点标注或单独编撰成文，以提示使用者、执行者。

此外，近几年 PE（私募股权基金）队伍逐渐壮大，很多 PE 机构喜欢将国外的"投资条款清单"照搬到国内使用，这种舶来的投资条款喜欢对被投资公司进行各类限制，而此种限制往往要在股东会职权、股东表决权中落实。根据以往经验，如此众多的限制并不符合中国企业的管理风格，容易造成投资者与被投资企业及其股东之间的关系紧张，甚至制约企业适度灵活、高效快速地成长。因此，建议在增加股东会职权时，设置限制性条款应慎重，在兼顾风险控制的同时应充分考虑企业运营的灵活度、便利性需要。

7. 董事的任期，董事长、副董事长的产生

根据《公司法》第三十七条、第四十五条规定，非职工代表之董事由股东会选举或更换；董事任期由公司章程规定，但每届任期不得超过三年。

《公司法》第四十四条规定，董事会设董事长一人，可以设副董事长。董事长、副董事长的产生办法由公司章程规定。

在实务中，董事长的任期可由公司章程规定，每届最长不得超过 3 年，但董事长可连选连任。董事长、副董事长的选举由公司章程规定，可规定由全体董事选举产生，也可约定由股东会选定，甚至还可以规定由某个或某些股东推选的人员担任。同时，副董市长职位可设可不设，可以设一人也可设多人。

实务中，对董事长、副董事长的选任，往往体现了股东之间的公司控制权之争。副董事长职位可能成为摆设，也可能通过制度设置 2~3 名副董事长，从而对董事长形成有效制约，还有可能由副董事长联合其他董事架空董事长。

《公司法》对董事长、副董事长的产生无规定，故应注意在公司章程中明确董事长、副董事长的产生办法，切不可表述为"董事长、副董事长的产生按法律规定执行"。

8. 董事会职权、董事会的议事方式和表决程序

根据《公司法》第四十六条规定，董事会除行使法定的十项职权之外，还可以根据公司章程的规定行使增量职权。

《公司法》第四十八条规定，董事会的议事方式和表决程序，除本法有规定的之外，由公司章程规定。董事会决议的表决，实行一人一票。

如前文所述，董事会是公司经营管理层面的决策机构。公司章程可以在董事会的法定十项职权之外，扩充董事会的职权；也可以对董事会职权的行使进行限制。董事会职权的扩充体现了股东会对董事会的授权；对董事会决策事项的限制，体现了股东对风险控制的谨慎态度；当将本应由总经理决策的内容一部分升格至董事会讨论决定时，体现了公司经营的进一步谨慎。

综合对股东会、董事会的职权划分及职权扩充或限制的自治授权来看，《公司法》对特别重要的事项明确划定分属于股东会、董事会管辖，对其他事项均允许由股东自行在股东会、董事会与经理层之间进行授权、分配。这类似于一座宫殿，《公司法》规定应分别由股东会、董事会行使的各十项职能，犹如这座宫殿的承重墙，不得拆除；其余墙体、隔断、装修装饰均可由房子的主人自行设计、安排。

与股东会相比，董事会的职权可作更加具体、量化的规定。董事会的议事方式和表决程序应在公司章程中明确，否则将出现无法可依也无据可依的情况。董事的表决权为一人一票，无协商余地。

9. 总经理职权

《公司法》第四十九条规定，有限责任公司总经理对董事会负责，行使

下列七项职权，公司章程对经理职权另有规定的，从其规定。

《公司法》对股东会、董事会职权的规定，使用的是列举法定职权后，增加一兜底条款，即"公司章程规定的其他职权"，此处的其他职权与已列举的法定职权是并存关系。《公司法》对总经理职权的规定，使用的是列举后，另款行文，"公司章程对经理职权另有规定的，从其规定"，该行文意味着公司章程规定的总经理的职权可以否定《公司法》对总经理职权的规定。此点差异，在实务中予以注意即可。

此外，《公司法》通过"董事会授予的其他职权"与"公司章程对经理职权另有规定的，从其规定"两项规定，为总经理职权设置了相当大的蓄水池。总经理在获得股东会及董事会充分授权时，可以权倾朝野、放马奔腾；总经理职权被刻意限制时，则需小心翼翼、步履蹒跚。公司的经营管理权在董事长、董事会、总经理之间如何分配，股东在多大范围内对总经理进行授权，这需要根据股东的需求、总经理对公司的作用等众多因素确定。

对总经理放权、束权都被《公司法》所允许，两个方向的操作本身无好坏优劣之分。但是，无论向哪个方向操作，股东都应当通过公司章程以及相配套的其他管理制度细化、明确，避免授权不明引起公司治理秩序混乱。

10. 股东资格的继承

《公司法》第七十五条规定，自然人股东死亡后，其合法继承人可以继承股东资格；但是，公司章程另有规定的除外。

实务中，有限责任公司具有人合性、资合性双重特征，且通常认为人合性特征更为明显，股东间的相互了解、信任是合作的基础。股东的亲属往往与其他股东相互熟识，再考虑到维持公司股权结构基本稳定、合理保护继承人股权权益等问题，《公司法》允许自然人股东死亡后，其股东资格由继承人继承。但是，当股东资格由继承人继承时，可能会出现以下问题，如表1-5所示。

表 1-5　当股东资格由继承人继承时可能会出现的问题

序号	内容
1.	自然人死亡后，其配偶、父母、子女为第一顺位继承人，股东资格由其继承，股东人数迅速增加，且每个继承人的经营理念可能差异较大，会导致经营决策、公司治理上的不顺，甚至形成公司治理僵局。如果死亡股东没有第一顺位继承人，其股权由第二顺位继承人即兄弟姐妹、祖父母、外祖父母继承，继承中再引入转继承、代位继承等问题，这会导致股权分配、公司治理问题更加复杂
2.	继承人中如有法律意义上的外国人，公司性质将因股东"外国人"的身份发生变更，股权变更的审批、公司的经营范围、业务开展等均可能受到影响
3.	有些股东间的合作，仅仅是基于对股东本人的信任、对其能力的认可而展开。当换作股东继承人时，合作基础可能不再存在，致使合作无法继续

　　基于以上考虑，《公司法》在规定股东资格可由继承人继承的同时，允许股东约定继承，并在公司章程中载明。

　　中国已经进入到股权时代，对股权的重视和争夺可能对公司的经营造成重大影响。因此，实务者应特别重视对股东资格继承问题的处理，本人建议在公司章程中排除股东资格的继承；退而求其次的方案是，由股东指定被其他股东认可的继承人继承，且应注明当被指定的继承人先于继承人死亡的，股东资格不允许再被继承。

11. 公司解散

　　《公司法》第一百八十条规定，公司因下列原因解散：（一）公司章程规定的营业期限届满或者公司章程规定的其他解散事由出现；（二）股东会或者股东大会决议解散；（三）因公司合并或者分立需要解散；（四）依法被吊销营业执照、责令关闭或者被撤销；（五）人民法院依照本法第一百八十二条的规定予以解散。

　　从《公司法》规定的解散原因来看，可分为股东自主决定解散与被强制解散两大类。股东自主决定解散又可分为事前约定与事后达成解散决议两类，而事前约定则包括预设的营业期限届满和公司章程规定的其他解散事由出现。

　　在理想状况下，公司可以因营业期限届满或者由股东决议解散而寿终正寝。但实务中，伴随着公司利益之争愈演愈烈，个别股东权益受到侵害，想通过解散来保护权益、降低损失时，顺利解散越来越难。这种情况在中外合资、国企与民营合作、原始股东与财务投资者、大企业集团与小民营企业股东之间多有发生。

例如，有的投资机构以高溢价投资某公司，对公司投资的资金远超过原股东的投资金额，但持股比例远低于原始股东且不参与公司的实际经营。当被投资公司原始股东违背诚信无心经营、挥霍投资机构的资金时，投资机构往往"束手无策"。又如，有的中外合资公司，外资方以技术投入，中资方投入大量现金及实物资产，但企业被外资方控制，当实际控制一方恶意损害另一方利益时，利益受损方的救济手段往往显得孱弱无力。

一般而言，公司非常规解散，股东权益会受到较大损失，所以解散并不是保护股东权益的优选方案。但是，当以上情况及类似情况发生时，受损股东如按程序解散公司，至少可降低损失数额并阻止损失的进一步发生。基于此，股东可根据《公司法》的授权，在公司章程中补充约定解散事由，在非常态下通过解散公司降低损失。

公司解散是把"双刃剑"，可以保护小股东利益、降低损失，也可能使部分股东以公司解散为由损害企业的正常经营及其他股东的权益。应当将何种情况列为解散事由，不一而足，具体内容应根据实际需要设定。但是，笔者认为，股东预设解散事由应极其慎重，须最大限度的维持公司正常经营；除非确有必要，少增设或不增设解散事由。

12. 执行董事的职权

股东人数较少或者规模较小的有限责任公司，可以设一名执行董事，不设董事会。执行董事可以兼任公司经理。执行董事的职权由公司章程规定。

执行董事的职权并非参照董事会职权执行，而是由公司章程规定，且如何规定完全授权股东决定。

13. 监事会职工代表比例、监事会职权扩充

监事会应当包括股东代表和适当比例的公司职工代表，其中职工代表的

比例不得低于 1/3，具体比例由公司章程规定。

监事会除行使《公司法》赋予的六项职权之外，还可以在公司章程中扩张监事会的职权。

14. 公司必要记载事项与任意记载事项[①]

必要记载事项是指公司章程中必须记载的事项，如果无记载则构成公司章程无效，按照《公司法》第二十五条的规定，有限责任公司章程的绝对必要记载事项有以下七项，如表 1-6 所示。

表 1-6　有限责任公司章程的绝对必要记载事项

序号	内容
1.	公司名称和住所
2.	公司经营范围
3.	公司注册资本
4.	股东的姓名或者名称
5.	股东的出资方式、出资额和出资时间
6.	公司的机构及其产生办法、职权、议事规则
7.	公司法定代表人

对前述有限责任公司章程的必要记载事项，虽属法定事项却并不乏自由约定的用武之地；另有散见于《公司法》一系列条款对必要记载事项的内容进行了方向性的规定，这些都需要通过自由约定来确定具体内容。详情如表 1-7 所示。

表 1-7　《公司法》对有限责任公司章程自由约定事项的规定

序号	内容
1.	公司法定代表人按照公司章程的规定，由董事长、执行董事或者经理担任（第十三条）

---

① 威科先行法律信息库编辑。

序号	内容
2.	股东会的定期会议按照公司章程的规定召开（第三十九条）
3.	董事长、副董事长的产生办法由公司章程规定（第四十四条）
4.	董事任期由公司章程规定《公司法》（第四十五条）
5.	执行董事的职权由公司章程规定（第五十条）
6.	监事会中职工代表监事的具体比例由公司章程规定（第五十一条）
7.	国有独资公司监事会成员中职工代表的具体比例由公司章程规定（第七十条）
8.	公司将财务会计报告送交各股东的期限由公司章程规定（第一百六十五条）

任意记载事项是指只有在公司章程中记载才能生效，若欠缺该事项并不影响公司章程的效力。简言之，公司章程任意记载事项即不同于《公司法》规定的事项，包括《公司法》有一般性规定但股东可以通过章程约定排除该规定的事项，以及其他股东会会议认为需要规定的事项。《公司法》第二十五条还规定，有限责任公司章程应当载明下列事项：……股东会会议认为需要规定的其他事项。这就是任意记载事项。

《公司法》对公司章程中任意记载事项的规定，也是散见于各个条款之中。如果公司章程中没有记载，按照《公司法》的规定；如果公司章程中有记载，则按照公司章程。具体共有以下 15 项，如表 1-8 所示。

表 1-8 《公司法》对公司章程中任意记载事项的规定

序号	内容
1.	公司章程对公司对外担保的作出由股东大会或者董事会决定，公司对外担保的限额（第十六条）
2.	公司章程可以对股东会法定职权以外的职权作出规定（第三十七条）
3.	公司章程关于召开股东会通知的规定，且该规定优先于《公司法》适用（第四十一条）
4.	公司章程关于股东在股东会上不按出资比例行使表决权的规定（第四十二条）
5.	公司章程关于股东会的议事方式和表决程序做出不违背《公司法》规定的规定（第四十三条）
6.	公司章程对董事会法定职权范围之外的职权的规定（第四十六条）

序号	内容
7.	公司章程对董事会的议事方式和表决程序作出不违背《公司法》规定的规定（第四十八条）
8.	公司章程对经理职权的规定，且该规定优先于《公司法》适用（第四十九条）
9.	公司章程对监事会法定职权范围之外的职权的规定（第五十三条）
10.	公司章程对监事会的议事方式和表决程序作出不违背《公司法》规定的规定（第五十五条）
11.	公司章程对股权转让的规定，且该规定优先于《公司法》适用（第七十一条）
12.	公司章程对自然人股东死后继承问题的规定，且该规定优先于《公司法》适用（第七十五条）
13.	公司章程规定公司聘用、解聘承办公司审计业务的会计师事务所由股东会或者是董事会决定（第一百六十九条）
14.	公司章程对公司解散事由的规定（第一百八十条）
15.	公司章程对公司中高级管理人员范围的规定（第二百一十六条）

二、"三会一层"的定位与职权

1. 股东大会的定位与职权

股东大会由全体股东组成，体现股东意志，是公司的最高权力机构，企业一切重大的人事任免和重大的经营决策一般须经股东会认可和批准方才有效。例如，董事、监事人选，利润分配，对外并购，担保，大额投资等。只要达成股东会决议和不违反《公司法》规定，即可决定和改变本公司的任何事。

对于股东大会的一般职权，按照《公司法》规定，公司运行中常见的重大问题均应由股东会讨论决定，包括以下各项，如表 1-9 所示。

表 1-9　股东大会的职权

序号	内容
1.	决定公司的经营方针和投资计划
2.	选举更换非由职工代表担任的董事、监事，决定有关董事、监事的报酬事项
3.	审议批准董事会的报告
4.	审议批准监事会或监事的报告
5.	审议批准公司的年度财务预算方案、决算方案
6.	审议批准公司的利润分配方案和弥补亏损方案
7.	对公司增加或者减少注册资本做出决议
8.	对发行公司债券做出决议
9.	对公司合并、分立、解散、清算或者变更公司形式做出决议
10.	修改公司章程
11.	公司章程规定的其他职权

对于股东大会特殊的法定职权，公司运行中可能遇到一些特殊事项，依据法律规定，必须经股东会做出决议，未经同意不得作为。这些事项是公司为公司股东或实际控制人提供担保的；营业期限届满或者规定的其他解散事由出现而需要使公司存续的；董事或高管人员与本公司订立合同或者进行交易；董事或高管人员为自己或者他人谋取属于公司的商业机会，自营或者为他人经营与所任公司同类的业务；申请股份发行、上市。

2. 董事会的定位与职权

董事会是股东会的执行机构，是公司的业务决策机构。董事会议事规则规定，董事会成员出席董事会会议。董事会会议每半年召开一次，董事会会议由董事长或法定代表人召集，应于会议召集 10 日前，将会议时间、会议事项、议程，书面通知全体董事。经董事长或 1/3 以上董事、1/3 以上监事或总经理建议，应召开临时董事会，董事长（法定代表人）可视需要邀请公司分管总经理和部门负责人列席会议。董事会表决实行一人一票制。董事会会议须半数以上董事出席方可举行，董事会会议做出的决议须经董事会 1/2 以上董事表决通过方可做出。其中，对公司增加或减少注册资本、发行债券、公司分立、合并、变更公司形式、解散和清算、聘任或解聘总经理，修改公司章程等，须经出席会议的董事 2/3 以上同意。董事会决议反对票赞成票相等时，由董事长裁决。董事会讨论有关董事事项时，可以书面委托其他董事或指定代表人代为出席，委托书中应阐明授权范围。董事长因特殊原因不能履行职务时，由董事长指定一名副董事长或其他董事代其行使职权。董事会应对所议事项的决定做出会议记录，出席会议的董事应当在会议记录上签名，不同意见要做在会议记录上。需要说明的是，超过股东大会授权范围的事项，应当提交股东大会审议。

董事会行使下列职权，如表 1-10 所示。

表 1-10　董事会的职权

序号	内容
1.	负责召集股东会会议，并向股东会报告工作
2.	执行股东会的决议
3.	决定公司的生产经营计划和投资方案
4.	制订公司的年度预算方案、决算方案
5.	制订公司的利润分配方案和弥补亏损方案
6.	制订公司增加或减少注册资本以及发行公司债券的方案
7.	制订公司合并、分立、解散或者变更公司形式的方案
8.	决定公司内部管理机构的设置
9.	决定聘任或解聘公司经理及其报酬事项，并根据经理的提名决定聘任或者解聘公司副经理、财务负责人及其报酬事项
10.	制定公司的基本管理制度
11.	公司章程规定的其他职权

3. 监事会的定位与职权

监事会主要是发挥监督职能。监事会履行职责的主要形式是财务监督，是否尽职的法律依据是监事会报告。其主要内容包括：报告期内监事会会议的重要决议、内部刊物或（网站）及日期；公司依法运作情况；检查公司财务的情况；公司最近一次拨付资金实际投入项目是否和承诺投入项目一致，实际投入项目若有变更、变更程序是否合法；公司收购、出售资产交易价格是否合理，有无发现内幕交易，有无损害股东的权益或造成公司资产流失；关联交易是否公平，有无损害公司利益；如果审计部门出具了有解释性说明、保留意见、拒绝表示意见或否定意见的审计报告的，或者公司报告期利润实现数较利润预测数低 10% 以上或较利润预测数高 20% 以上，监事会应就董事会对上述事项的说明明确表示意见。

监事会职责包括以下内容，如表 1-11 所示。

表 1-11　监事会的职权

序号	内容
1.	检查公司财务
2.	对董事、高级管理人员执行公司职务行为进行监督，对违反法律、行政法规、公司章程或者股东会决议的董事、高级管理人员提出罢免的建议
3.	当董事、高级管理人员的行为损害公司的利益时，要求董事、高级管理人员予以纠正
4.	提议召开临时股东会会议，在董事会不履行本法规的召集和主持股东会会议职责时召集和主持股东会会议
5.	向股东会会议提出提案
6.	对董事、高级管理人员提起诉讼
7.	公司章程规定的其他职权

4. 管理层的定位与职权

管理层是公司董事会领导下的经营执行机构，全面负责公司的日常经营，总经理室管理层的核心，按照《公司法》规定，其职责包括以下各项，如表 1-12 所示。

表 1-12　管理层总经理的职权

序号	内容
1.	主持公司的生产经营管理工作，组织实施董事会决议

续表

序号	内容
2.	组织实施公司年度经营计划和投资方案
3.	拟订公司内部管理结构设置方案
4.	拟订公司的基本管理制度
5.	制定公司的基本规章
6.	提请聘任或者解聘公司副经理、财务负责人
7.	决定聘任或者解聘除应由董事会决定聘任或者解聘以外的负责管理人员
8.	董事会授予的其他职权
9.	公司章程对经理职权另有规定的，从其规定

三、从公司章程的制定看其对"三会一层"的权力制衡

依据《公司法》，股东侵害了公司利益，或者侵害了其他股东的利益，高管侵害了公司或者其他股东的利益，公司或者其他股东可以追究侵权者责任，可以提起诉讼，正规一点的章程，一般都会将这个内容写入章程中，例如，章程宗旨中就有可能写，"本章程自生效之日起，即成为规范公司的组织与行为、公司与股东、股东与股东之间权利义务关系的具有法律约束力的文件，是对公司、股东、董事、监事和高级管理人员具有法律约束力的文件。依据本章程，股东可以起诉股东；股东可以起诉公司董事、监事和高级管理人员；股东可以起诉公司；公司可以起诉股东、董事、监事和高级管理人员"。

如果作为股份有限公司，尤其是上市公司，这一条是必定要写的，因为是公众公司，应该对公众有个交代。有少数股东兼高管总觉得自己在做公司高管，肯定会尽心尽力地为公司做事，但做事就难免会犯错，公司章程限制甚至完全剥夺了这种起诉权。其实这是完全不了解法律了，法律怎么可能去剥夺一个主体的起诉权！事实上，只要是依法、依章程做事，就算犯了错，只要不是违法违规、故意或者重大过失地侵害公司或股东的利益，即使他人起诉你，你也不用害怕。

四、股东会、董事会、总经理之间的权力分配问题

对于股东会、董事会、总经理之间的权力分配问题，如果是一个家族公司或者少数三五个朋友亲戚间合办的公司，权力分配多半不成为问题。但有限责任公司的人数达到一定数量，到了公司有 20 个股东，尤其是有正式的投资机构加入进来后，情况就不同了。章程就是章程，到时候是要作为依据使用的，这时候就会涉及权力构架问题了。

公司规模达到 20 个股东，要开股东会也不是件很容易的事，如果把权力更多地集中在股东会，公司的管理效率毫无疑问是会低下的，所以最好的选择是董事会决策，除了少数权力涉及公司重大问题，例如，涉及公司的经营方向、重大投资决策以及《公司法》强制规定须由股东会多数通过的事项、由章程规定决策权在股东会外，一般的决策权应交由董事会做出，这样既能提高效率，又可以减少代理人的弊端。因此在章程制订过程中，需要同可能担任或者推举董事的股东沟通，当然，这多半会得到他们支持的，因为权力归于他们手中。但同时也得同那些不担任或者没有推举董事权的股东沟通，消除他们的一些顾虑。

这些没有董事推举权的股东，可以通过监事会来参与公司一定程度的管理，严格地讲不是管理，是监督，通过监督来影响管理。这个其实是执行问题，上市公司不去讨论了，就有限责任公司而言，小股东完全可以通过监事会制度在一定程度上把控公司，维护自己的利益。重点有二：一是监事会的职权在章程中得明确，这一点大部分公司都做得到；二是要有有能力担任监事的人选，如因自己的股权有限或者时间有限，不能担任董事或者管理层，但愿意担任监事，如果这些人能切实履行监事职责，依现在的法律，应该是可以运行起来的。

总之，公司章程是对"三会一层"运行规则与秩序的一种指导性文件，同时"三会一层"又影响着公司章程的制定与优化。

第四节 董事会制度的应用实践

董事会制度建设是整个公司治理的核心，如果公司的董事会制度出现问题，轻则影响公司运作质量，重则将会使公司遭受灭顶之灾。以美国"安然事件"为例，最初就是因为公司董事会允许安然公司的财务总监成为 LJM-Cayman 等合伙企业的普通合伙人，而使得这些企业可以与安然公司进行大量关联交易，随后董事会又未能对这些交易行为给予认真关注，从而使财务总监从中赚取了 3000 万美元的收益，继而引发了安然财务丑闻。表面上，"安然事件"的主要责任是内部审计委员会和外部审计机构的失职，但从公司治理角度分析，董事会制度不完善而导致的董事会的失职及对经理层监督的不够才是最根本的原因。

实践证明，公司治理必须充分认识到董事会制度的重要性，把握董事会制度这一公司治理的核心；同时，董事会要在公司治理体系中扮演重要角色，发挥出应有的作用，这是董事会制度的应用实践的两个基本点。

一、董事会制度是公司治理的核心内容

董事会质量决定公司治理水准。根据 OECD（经济合作与发展组织，简称"经合组织"）的定义，公司治理是一种对工商企业进行管理和控制的体系，它明确规定了公司内部各个参与者（包括董事会、经理层、股东和其他利益相关者）的责任和权力划分，并且清晰地说明了它们在决策公司事务时应遵循的规则和程序；此外，公司治理还提供了一种设置公司目标的结构，并且同时提供了为达到这些目标和实行监控运营所必需的手段。

在 OECD 制定的公司治理原则中，将良好的公司治理分解为七个关键部分：一是股东的权力与责任；二是股东的公平交易；三是利益相关者的角色；

四是透明度、信息披露和审计；五是董事会；六是董事会中的非执行成员；七是经理层、报酬和绩效。

在这七项内容中，明确涉及董事会的内容有两项，即董事会和董事会中的非执行成员，其他五项内容也都与董事会的职责密不可分。其中，股东的公平交易以及经理层、报酬和绩效属于董事会的监督职能；透明度、信息披露和审计是董事会的工作重点；保护股东和利益相关者的合法权益则体现了董事会的运作目标。由此可见，董事会质量的高低是决定公司治理水准高低的核心要素，这一认识已经在国际组织和学术界得到普遍的认可。有的学者甚至把公司治理直接定义为"董事会据以监督经理行为的过程、结构和关系"。

二、现代董事会在公司治理体系中的角色

现代公司制企业的公司治理问题集中在两方面，一是代理型公司治理问题，二是剥夺型公司治理问题。对于前者，公司需要一种机制可以控制住经理的代理问题；对于后者，公司也需要一种机制能防止股东的权力滥用。

对于代理型公司治理问题，董事会扮演着监管者的角色。当股东将公司的法人财产交给经理人后，股东面临着如何确保法人财产上的资产经营权不被经理滥用的问题。如果这时的股东只有少数的几个，董事会是不必要的，股东大会就可以承担起监管的职责，将经理的行为控制在允许的范围内。如果股东人数众多，受到参会成本的限制，受到决策能力良莠不齐的限制，受到集体决策中"群体思维"和"群体偏移"的限制，股东大会不可能满足监管需要。因此，公司需要一个相对常设的机构受托于股东来履行监管职责，这个机构就是董事会。董事会是监督经理的成本最低的内部治理手段。

对于剥夺型公司治理问题，董事会扮演着保护者角色。有关有限责任制度的法律保护机制就像一道屏障，将超过股东投资额的风险屏蔽在股东身外。这时候就需要一种对应机制，避免股东侵犯公司的独立性。当公司股东成员较少时，股东间的相互博弈和力量制衡可以完成这一功能。如果股东人数众

多，股东群体内部的相互管制就会遇到问题。这时候，董事会作为公司法人资格的保护者出现了，它成为隔断股东与公司之间的一层"面纱"，起到屏蔽功能。在"现代"公司中，董事会不是代表各自股东"选民"的"竞技场"，而是维护全体股东利益的保护者，其保护行为通过屏蔽完成，这个屏蔽就将个别股东伸向公司之手隔开，就是让公司法人真正独立起来。

[案例] 京东——刘强东借 AB 股保障控制权

2014 年 1 月 31 日，京东向美国证监会呈交的招股书中披露了京东的股权结构及公司组织架构。根据京东招股说明书，上市前夕京东的股票会区分为 A 序列普通股（Class A Common Stock）与 B 序列普通股（Class B Common Stock），机构投资人的股票会被重新指定为 A 序列普通股，每股只有 1 个投票权。刘强东持有的 23.1% 股权（含其代持的 4.3% 激励股权）将会被重新指定为 B 序列普通股，每股有 20 个投票权。通过 AB 股计划 1 比 20 的投票权制度设计，刘强东已经控制了京东。

早在 2007 年 8 月，京东就已经获得今日资本 1000 万美元融资，此后，又获得今日资本、雄牛资本及梁伯韬私人公司共 2100 万美元联合注资。京东招股书显示，最近三年内，京东又多次发行普通股引入投资者。2011 年 4 月，俄罗斯数字天空技术（DST）全球基金以 3.14 亿美元买入京东 9429.6 万股，两个月后，DST 全球基金合计以 4.32 亿美元增持 1.2 亿股。2011 年 6 月，红杉资本和 Insight Funds 合计以 2.15 亿美元买入 5910 万股。2012 年 2 月，高瓴资本（HCM）旗下的 HHGL 360Buy Holdings（下称"HHGL"）以 6500 万美元买入 8395.2 万股；同年 11 月，安大略教师退休基金旗下的 Classroom Investments Inc. 和老虎基金合计以 2.5 亿美元，分别购入 4418.2 万股和 18935370 股。2013 年 2 月，沙特王子阿苏德旗下的四只基金（下称"阿苏德基金"）合计以 4 亿美元买入 1 亿股。同时，DST 全球基金再以

3200 万美元增持 819.7 万股。

招股书显示，在 IPO 之前，京东的八大股东包括 Max Smart Ltd（下称"Max Smart"）、老虎基金、HHGL、DST 全球基金、今日资本旗下的 Best Alliance International Holdings Ltd（下称"Best Alliance"）、Fortune Rising Holdings Ltd（下称"Fortune"）、阿苏德基金和红杉资本。其中，Max Smart 为刘强东在 BVI 成立的公司，刘本人为其唯一股东和董事。通过 Max Smart，刘强东持有京东 18.4% 的股份。此外，通过 Fortune，刘强东再持有 1 亿股，不过，这些股份主要用于京东管理层、员工及其他顾问的股权激励计划。

在外部股东中，首先，持股比例最高的老虎基金持有 22.1% 的股份。其次为 HHGL 和 DST 全球基金，分别持有 15.8% 和 11.2%。Best Alliance、阿苏德基金和红杉资本的持股比例则分别为 9.5%、5% 和 2%。

在进行 IPO 之前，尽管刘强东本人的直接持股比例仅为 18.4%，远低于过去几年引入的投资者，不过在实际行使投票权时，多数股份的投票权由刘强东代为行使。

招股书显示，DST 全球基金、红杉资本、Insight Funds、the KPCB Funds、Oeland Investments II LLC、Good Fortune Capital II LLC、IGSB Internal Venture Fund II LLC、阿苏德基金、HHGL 和中国人寿信托合计将 443897179 股对应的投票权委托刘强东控制的 Max Smart 代为执行。未披露具体信息的两名股东 Kaixin Asia Ltd 和 Accurate Way Ltd 则将 9.21 万股对应的投票权委托刘强东本人代为执行。

在董事会成员组成方面，2013 年 12 月，京东与股东达成的协议规定董事会成员不得超过九人。老虎基金、Best Alliance、HHGL 及 Strong Desire Ltd 在满足相应的持股条件时，均有权任命或罢免一名董事。其中，老虎基金需持有超过 7500 万股普通股；Best Alliance 需持有超过 7500 万股 A 类优先股；HHGL 持有的普通股和 C 类优先股合计需超过 7500 万股；Strong Desire Ltd 需持有超过 53640484 股 B 类优先股。而刘强东控制的 Max Smart 则可以任命或罢免所有剩余董事。在 IPO 发行完成后，上述权力自动终止。

　　在 IPO 之后，京东将根据股东同意的新公司章程建立起双重股权制度。其中，Max Smart、Fortune、刘强东及其附属机构持有的股份可按 1 比 1 的比例转换为 B 类普通股，每 1 股享有 20 份投票权；而其他普通股则只能按 1 比 1 转换为 A 类普通股，每股对应 1 份投票权。所有优先股均可根据适用的转换率转换为 A 类普通股。也就是说，高投票权的 B 类普通股将集中在刘强东以及在股权激励计划下获得股份的京东员工、管理层及其他顾问，而京东在发展过程中引入的投资者只能持有低投票权的 A 类普通股。

　　由于刘强东所持 B 股投票权是 A 股投票权的 20 倍，刘强东的个人投票权达到 83.7%，拥有绝对控制权。对此，刘强东指出："掌握投票权更有利于控制企业，AB 股结构以后会越来越多，但京东不想将精力浪费在董事会沟通上。"

　　京东 AB 股制度，是为那些自己辛苦创业打拼出来、创始人不愿意卖掉自己的心血、不愿失去对企业控制的企业而存在，为这些企业掌握控制权指明了方向。

第二章

合伙人股权结构设计

在这个"大众创业、万众创新"的新时代，创始人需要合伙人并肩作战，做好合伙人股权设计，就能够吸引公司需要的优秀人才加盟成为合伙人。本章重点讨论了股权结构设计的原则，合伙人股权分配计算方法以及股权分配的"坑"。

第一节　布局决定结局

股权结构对一家公司长远发展至关重要。作为创始人，首先考虑公司未来的商业模式与核心业务节点，然后考虑支撑商业模式的合伙人团队组成。商业模式与合伙人团队组成想明白了，股权架构也就出来了。而一旦做好公司股权架构，找合伙人、找投资人、找员工，就再也不用纠结了。

一、股权结构为什么要"设计"

企业进行股权结构设计，至少有以下三个理由。

1. 不好的股权结构迟早会搞死公司

越来越多的教训显示，如果股权架构设计不好，事业即使成功了，企业也容易出结构性的大问题。看看最近几年出现的"真功夫""西少爷""雷士照明""俏江南""1 号店"等案例，总让读者替其惋惜：一个个都是细分行业的成功者，甚至都是领头羊，经过千辛万苦创业成功了，可惜，由于最初的股权结构设计不当，导致最后由于权力和利益分配不均，要么从内部分崩离析，要么被外人夺取控制权。

这些反面的教训，让越来越多的人认识到：尽管好的股权结构不一定能让公司成功或让公司产生更好的经济效益，但不好的股权结构一定会导致公司分崩离析。

2. 股权结构是公司的"经济基础"

如果将国家与公司这两个法人进行比对，就会发现在结构上两者是同构的，你可以用国家观念来解释公司关系。

"经济基础决定上层建筑"这一原理，我们都很熟悉，当用这一原理来解读公司关系时，投资者将自己的钱财投入公司，公司才得以成立，如果没有这些资金（股本）公司就不存在，也就是说，公司未来的利益分配、权力分配都是建立在股本形成的结构基础之上的。

例如，一个公司注册资本 100 万元，一个股东投入了 70 万元，很简单，这个股东肯定就说："我投入的钱最多，我对公司承担的风险最大，那么，我就要最大的分红权、决策权和公司控制权。"由此可见，70 万元比 100 万元，就显示了一个上层建筑关系，那就是基于投入的绝大多数关系，所以，决定了对公司利益和权力的控制权。

从朴素的认识来说，要想控制公司，最根本的理由就是你投入更多的钱，可以这样说，你在公司拥有多大的权力和利益，更多的取决于你投入了多少（当然除了投入钱之外，还有投入技术、其他人力资本等）。

3. 股权结构决定了公司控制权归属

对中小企业和初创企业来讲，公司控制权的价值甚至比上市公司更大。

公司控制权就是以股东大会中的表决权为主要体现方式、享有公司的战略决策和基本管理的最终决策权。

公司控制权更多的是一个管理学的概念，而不是法律概念。在公司里，谁控制了股东会或董事会，谁就有权力享有股东大会的权力和董事会的权力，就可以决定公司发展战略、团队建设、业务方向、利益分配等最主要的公司权利。

设计公司股权架构就是确定谁或哪些人、基于什么理由或原因可以获得公司控制权。如果获得控制权的人是善良的、能干的，那么企业在他的领导下，就容易成功；反之，他带给所有股东的可能是灾难，例如，侵占公司财物、腐败的职务消费、错误的战略方向等。

当然，还可以从其他角度来阐述股权架构设计的必要性，但以上三点应该是最深层次的理由。

二、股权结构设计的意义

布局决定结局，股权结构设计决定企业未来！具体来说，股权结构设计的意义体现在以下五个方面。

1. 明晰合伙人的权、责、利

股权结构设计可以明晰合伙人之间的权、责、利，科学地体现各合伙人对企业的贡献、利益和权力。虽然合伙创业讲究情怀没错，但最终也是要实现实际利益，怎么能够体现你的利益和价值，很重要的一点就是股权、股比，后者是在这个项目中的作用以及利益的重要体现。

2. 有助于维护公司和创业项目稳定

也许我们在创业的时候都是同学、兄弟、闺密，大家认为，什么股比不股比的，先不说，先做下去，把事情做成了再说，这种情况必定会出现问题。因为大家在刚开始创业时，都不能好好谈，出现问题肯定更不能好好谈，最终的结果是创业项目受到影响。

3. 控制权设计的基础

"真功夫""西少爷""雷士照明""俏江南""1号店"等公司出现问

题，都是控制权的问题！如果这些公司的股比能形成一个核心的控制权，争议完全可以避免。另外，在未来融资时还要稀释股权，合理的股权结构，有助于确保创业团队对公司的控制权。

4. 融资的需要

现在投资人跟你谈投资的时候，会关注你的产品，关注你的情怀，关注你的进展，也一定会关注你的股权架构合不合理。如果是看到比较差的股权架构，他们是肯定不会投资的。对此人们一定要明白，投资人会重点考察创业团队的股权结构是否合理，以避免重蹈"真功夫"投资人的覆辙。

5. 进入资市市场的必要条件

相信每个创业者的创业项目都有 IPO 这个目标。进入任何资本市场，无论是新三板还是 IPO，都会考察股权结构是否明晰、清楚、稳定。例如，新三板挂牌条件之一就是"股权明晰，股票发行和转让行为合法合规"。其中，"股权明晰"是公司的股权结构清晰，权属分明，真实确定，合法合规，股东特别是控股股东、实际控制人及其关联股东或实际支配的股东持有公司的股份不存在权属争议或潜在纠纷。

第二节　股权结构设计的原则

股权结构设计是出资人根据其出资比例确定的，在最初设立公司时都会有各方洽谈出资份额的过程。但大多数人考虑的是公司由谁享有控制权？各方的收益比例如何均衡？当股东之间发生争执时，能否有效决策？这里总结了几个股权结构设计的原则。

一、一股独大，切忌均分

一些初创企业比较普遍的一个问题是股权比例平均化，几个哥们儿出来创业，大家一样吧。但是企业发展了一段时间之后，大家的贡献可能不一样，这个时候平均的股权就会带来一些问题。

在美国，即使几个创始人平分股权，公司也能做起来。但中国正相反，能够做起来的公司，更多的还是一股独大。比较成功的模式是这样的，有一个大股东，作为决策的中心，另外搭配几个占股十个点或八个点的小股东，有一定话语权，能跟老板唱唱反调。基于这样的模式，既保持有不同的意见，又有人拍板。

一般情况下，不建议创始团队开始持股的人超过三个。如果一开始五个人都同时拿股份，而且还平分，在后续过程中基本上都会出现问题。在项目刚启动、没有任何投资进来的时候，一般建议团队里面大股东能保持不低于60%的股份。如果想做境内上市，低于50%的股份经不起稀释。在中国境内上市，证监会要求有一个大股东的持股比例不低于20%。一个创始团队从开始创立到最后上市，之前要经过两到三轮的融资。可能第一轮稀释 10%～20%，第二轮稀释 10%～20%，第三轮又稀释 10%～20%，公司每轮出让10%～20%股份，所有股东同比稀释，基本上到上市的时候就剩不了多少股份了。

二、按贡献分股权

创业期的公司一般都是有限责任公司，出资形式可以是现金、实物、知识产权等，现金以外出资需评估或者大家协商一下，按价值设定股权比例。也就是说，资金算一部分，工作能力算一部分，原来的背景、将来的贡献也算一部分，从这三个层面来划分股权比例。

股权分配的基本原则是利益结构要合理，贡献要正相关。该拿大股的应该拿最大的股份，不该拿股份的人就不应该有股份。例如，销售型公司，负责销售的创始人占股份多一些；产品型公司，负责研发的创始人就占得多一些。基本的原则就是股权只发给不可被替代的人，可被替代的人一般不需要给股权。

创始人开始不在公司工作的，大家评估他的贡献，给他一定的股权，我们的意见是不要超过 5% 的股份。这种创始人往往都是资源型的，例如，可能掌握一些流量或者有一些客户关系，在创业初始特别重要，但是公司发展到一定的阶段，重要性就会降低。如果他拿的股份太多，反而会变成一个障碍。

如果觉得这样的人比较重要，可以在利益分配上，根据他提供的资源给一些补助。

只出资金的创始人其实就是一个民间的天使投资人，也可以给股份，但一个公司，出资的人占什么样的比例，实际操作的人占什么样的比例，是一个博弈的过程。一下子确定下来，其实也比较难，但是第一期小天使投资人，最好不要超过 30% 的股份。因为如果太高，再做几次融资，主要的创始人很可能就不控股了，对创始人长远的激情会是一个伤害。

三、明确规则，动态调整

现在通行的设立防冲突机制的做法是大家签订一个共同发起公司的协议书，把各自的权利、义务包括发生纠纷的解决办法，全部白纸黑字约定清楚。例如，某个股东因为一定的原因必须离开，那他的股权应该收回来。按什么价格、以什么方式收回；又如，他在公司工作一年之内离开，要收回多少股份，工作一年或者两年之后要收回多少股份，一般会约定三～五年。这些都得在协议书里面写清楚。

有的团队出现内讧，基本上不是发生在公司发展困难的时候，而是在公司情况好转的时候，例如，拿到投资了，业务进展顺利了，大家都看到利益了，这个时候有些人会觉得自己的功劳更大，或者有些人会想要更大的自主权，这时候就往往会产生矛盾。

在刚开始的时候，很难确定股权怎么分配，因此建议团队里面比较核心的人物能够做一些代持，就是大家先有一些大体的分配，然后再根据这个来做一些调整。例如，创业半年后，可能大家都比较清楚状况了，根据大家事先的一些约定来做调整。

四、股权集中，钱权分离

一般情况下，如果没有特殊约定，股权结构就是按照投资金额和注册资金的比例确定的，利润也是按照股份占有情况同比例分配的。在现实实践中，股权比例接近的情况比较多，为了公司更长远地发展，需要让有能力的人持续控制公司，可以进行钱权分离的设计，即分红权与表决权分离。

例如，甲、乙两人合伙注册了一家销售设备制造的公司，注册资金为1000 万元，虽然甲资金实力较为雄厚，但缺乏行业经验和经营能力，出资600 万元，占 60%，乙是行业内的资深人士，综合实力比较强，出资 400 万元，占 40%，从公司长远发展考虑，为了保证乙对公司的控制权，两人协议约定，甲持有的 60% 的股权，拥有 30% 的表决权、70% 的分红权，乙持有的40% 的股权，拥有 70% 的表决权、30% 的分红权。

五、预留期权池

不同的公司各不一样，互联网类公司一开始设立，可能就会留有期权池，但是有一些公司可能是会晚一些留有期权池，时间点根据业务发展来定。

一般来讲，在业务已经可以看到比较明确的成长性的时候，发期权会是最好的一个时间点。如果期权会发得比较早，虽然拿出了不少股份来做激励，但是其实员工没有感觉。

如果是在业务成长性比较好的时候给期权，能够让员工在接下去的时间确实感受到期权价值的增长。因为期权其实是一把"双刃剑"，如果价值不停地在增长，对员工的激励是很强的，但是如果给了期权之后，发现期权价值没增长，甚至是降低的，就完全没有意义了。

一般情况，做一次期权激励，拿出不超过 10% 的股份比较合适，这个也要根据公司所在行业、发展阶段、公司规模等具体情况来定。

六、天使投资占比不宜过高

第一轮一般会投到 10%～30%，差不多都在 20% 左右。对于天使来讲，可能低于 10% 大家都不太会再投了。

天使投资不光是投钱，还要去关注和参与这个企业的发展。如果低于 10%，可能在这个项目上面投入精力就觉得不太值得。当然有的人是撒网的策略，可能一个项目投三五个点都可以。

总之，在公司成立之初，投资者应充分考虑自己的投资目的、投资额、投资所占公司比例，结合自己的各项优势对股权结构进行深入的分析考虑，这样不仅只为股东个人利益，也为公司今后稳健发展奠定坚实的基础。

第三节　合伙人股权分配计算方法

美国西雅图有一家小型科技公司名叫 Sparkbuy，主要提供产品搜索及网络购物价格比较服务，目前已被谷歌收购。Sparkbuy 创始人丹·夏皮罗曾经撰文介绍了创业企业的一个重要问题——创始团队成员的股权分配问题。他首先提出，确定创始人身份的重要性和必要性，然后给出了具体的计算方法。这对中国企业的合伙人股权分配很有借鉴价值。

一、确定创始人身份

谁应该作为创始人？这个问题听起来很简单，但是实际上是一件棘手的事情。创始人这个身份很明确，然而实际情况却经常模糊复杂。最简单的方法是：创始人是承担了某种风险的人。这是因为创始人是为公司服务、但公司无力支付工资的人；创始人的主要工作就是为公司创造收入，或者是投资，或者是营收。

通常而言，公司的发展可以大概分为三个阶段：一是创立，在这个阶段，公司的资金都是创始人投入的，外部没有什么融资。公司很可能会失败，你投入的钱很可能会损失掉。你也会因为创业而失去工作、失去工资，最后公司失败了还得再找工作。二是启动，公司有钱了，可能是投资人投资的，也可能是产生了一些营收。这些资金让你每个月都能有一点收入。当然，你的工资比你在大公司里工作要少。在这个阶段，50%的公司会失败，然后你需要再找一份工作。在这样的情况下，你不仅失去了一份工作，还因为你之前的工资低于大公司的正常工资水平，所以你其实在工资上也会有损失。三是正常运行，你获得了跟求职市场差不多的工资。公司应该不会失败，即使失败了，你也只是像正常的"失业"那样，而不会有更多的损失。

所以，确定谁是创始人的方法是：如果你为一家公司工作，这家公司刚初创，以至于都不能付工资给你，那么你就应该是创始人，如果你从一开始就领工资，那么你就不是创始人。

二、合伙人股权分配计算方法

创始人的价值由两个因素决定：他们的贡献与市场的认可。贡献反映了公平性的原则，认可则反映了经济因素。下面的合伙人股权分配计算方法供大家借鉴。

1. 创始人的股权

给每个创始人100份股权。有些初创企业从一开始就在迅速发展，所有的创始人一开始就加入了公司。假设公司有三个合伙人，那么一开始他们的股权分别为100：100：100。这个股比反映了创始合伙人利益均等原则。

2. 召集人的股权

如果某些初创企业的联合创始人都是某个合伙人（召集人）牵头召集起来的，这个合伙人可能是CEO，也可能不是CEO，但如果是他召集了大家一起来创业，他就应该多获得5%的股权。那么，现在的股权结构为105：100：100。

3. 创业点子的股权

如果创始人提供了最初的创业点子，那么他的股权可以增加5%（如果之前是 105%，那增加 5% 之后就是 110%）。注意，如果创业点子最后没有执行下去，或者没有形成有价值的技术专利，或者潜在地发挥作用，那么，实际上你不应该得到这个股权。正所谓"点子毫无价值，执行才是根本"。

4. 迈出第一步最难

为创业项目开辟一个难以复制的滩头阵地，可以为公司探索出发展的方向，建立市场的信誉，这些都有利于公司争取投资或贷款。如果某个创始人提出的概念已经着手实施，例如，已经开始申请专利，已经有一个演示原型，已经有一个产品的早期版本，或者其他对吸引投资或贷款有利的事情等，那么这个创始人可以额外得到的股权为 5%~25%。这个比例，取决于"创始人的贡献对公司争取投资或贷款有多大的作用"。

5. CEO 应该持股更多

通常大家都认为，如果股权五五对分，那么实际上公司无人控制。如果某个创始人不信任 CEO，不能接受他持有多数股份，那么这个创始人就不应该和他一起创业。因为一个好的 CEO 对公司市场价值的作用，要大于一个好的 CTO，所以担任 CEO 职务的人股权应该多分配一点。虽然这样可能并不公平，因为 CTO 的工作并不见得比 CEO 更轻松，但是在对公司市场价值的作用上，CEO 确实更重要。因此，CEO 应该持股更多，建议股权增加 5%。

6. 全职创业最有价值

如果有的创始人全职工作，而有的联合创始人兼职工作，那么全职创始人更有价值。因为全职创始人工作量更大，而且在项目失败的情况下冒的风险也更大。此外，在融资时，投资人很可能不喜欢有兼职工作的联合创始人，这可能导致公司在融资上遇到障碍。所以，所有全职工作的创始人都应当增加 200% 的股权。

7. 信誉是最重要的资产

如果你的目标是获得投资，那么创始人里有某些行业内的权威人物话，可能会使融资更容易。如果创始人是第一次创业，而他的合伙人里有人曾经参与过风险投资成功了的项目，那么这个合伙人比创始人更有投资价值。在某些极端情况下，某些创始人会让投资人觉得非常值得投资，如果他参与创业、为创业项目做背书，那么就会成为投资成功的保障。这些超级合伙人基本上消除了"创办阶段"的所有风险，所以最好让他们在这个阶段获得最多的股权。

这种做法可能并不适用于所有的团队。不过，如果存在这种情况，那么这些超级合伙人应当增加 50%~500% 的股权，甚至可以更多。这个增加的比例取决于他的信誉比其他联合创始人高多少。

8. 现金投入参照投资人

投资先设定一个理想的情况，即每个合伙人都投入等量的资金到公司，然后加上他们投入的人力，构成了最初平均分配的"创始人股份"。但是，很可能是某个合伙人投入的资金相对而言多得多。这样的投资应该获较多的股权，因为最早期的投资风险也往往最大，所以应该获得更多的股权。这样的投资应该获得多少股权呢？可以参照通常投资的估值算法，找一个好的创业企业律师来帮助你计算。例如，如果公司融资时的合理估值是 50 万美元，那么投资 5 万美元可以额外获得 10% 的股权。

9. 最后进行计算

如果最后计算的三个创始人的股份比为 200：150：250，那么将他们的股份数相加（即为 600 份）作为总数，再计算出他们每个人的持股比例：33%：25%：42%。

需要提醒的是，Sparkbuy 创始人丹·夏皮罗（Dan Shapiro）提供的上述合伙人股权分配计算方法，只是建立了一种量化分配股权的模式，实务中合伙人股权要根据不同的要素进行划分。为此，需要考虑创始人的过去、现在和将来对公司最终做出的贡献大小。由此也可以看出，很多创业企业希望做到股权平均分配，但这种情况几乎是不存在的。

第四节　股权分配必知的十个"坑"

我们已经进入了合伙创业的新时代,合伙创业成为互联网时代成功企业的标配。创业者必须学习和重视股权分配的常识。产品出点问题,可以通过快速迭代解决,技术或运营出点问题,影响也只是短期发展;如果合伙人股权出了问题,经常是不可逆的"车毁人亡"。

关于合伙人股权分配,前人踩过的"坑"大部分都在这里了,希望下个踩"坑"的不是你。

一、团队中没有大家都信服的老大

企业的股权架构设计,核心是老大的股权设计。老大不清晰,企业股权没法分配。创业企业,要么一开始就有清晰明确的老大,要么磨合出一个老大。很多公司的股权战争,缘于老大不清晰。例如,"真功夫"。

企业有清晰明确的老大,并不必然代表专制。苹果、微软、Google、BAT、小米……这些互联网企业都有清晰明确的老大。老大不控股时,这些企业都通过 AB 股计划、合伙人制等确保老大对公司的控制力。创业团队的决策机制,可以民主协商,但意见分歧时必须集中决策,一锤定音。

在公司的股东会与董事会层面,只有老大能控制公司,公司才有主人,才不会沦为赌徒手里不断转售的纸牌。老大在底层运营层面适度失控,公司才能走出老大的短板与局限性。有些声称试验失控的创始人,也未必敢在公司股权层面冒险失控。

二、只有员工,没有合伙人

在过去,很多创始人是一人包打天下。现如今,互联网时代,新东方

"三驾马车"、腾讯"五虎"、阿里巴巴"十八罗汉"……我们已经进入了合伙创业的新时代。创始人单打独斗心力难支，只有合伙人并肩作战共进退，才能胜出。创始人需要寻找在产品、技术、运营或其他重要领域可以独当一面的同盟军。

有人说"初创企业合伙人的重要性胜过风口的商业模式"，这句话并不为过。在实践中，有很多创业者只是关注如何做"员工"股权激励，很少关注如何做"合伙人"股权设计。事实上，合伙创业，合伙人既要有软的交情，也要有硬的利益，这样才能长远。只讲交情不讲利益，或只讲利益不讲交情，都是不能长久的。

三、团队完全按照出资比例分配股权

如果把创业看成一场远距离拉力赛，赛车手最后可以胜出的原因，至少包括跑道的选择、赛车手的素质与跑车的性能。跑车赖以启动的那桶汽油，肯定不是胜出的唯一重要因素。创业企业合伙人的早期出资，就好比是那桶汽油。

在过去，如果公司启动资金是100万元，出资70万元的股东即便不参与创业，占股70%是常识；现如今，只出钱不干活的股东"掏大钱、占小股"已经成为常识。

在过去，股东分股权的核心甚至唯一依据是"出多少钱"，"钱"是最大变量，现如今，"人"是股权分配的最大变量。

很多创业企业的股权分配都是"时间的错位"：根据创业团队当下的贡献，去分配公司未来的利益。创业初期，不好评估各自贡献，创业团队的早期出资就成了评估团队贡献的核心指标。这导致虽然投入资金但缺乏创业能力与创业心态的合伙人成了公司大股东，有创业能力与创业心态、但资金不足的合伙人成了创业小伙伴。

因此在这里建议，全职核心合伙人团队的股权分为资金股与人力股，资金股占小头，人力股要占大头。例如，人力股要和创业团队四年全职的服务

期限挂钩，分期成熟。对于创业团队出资合计不超过 100 万元的，建议资金股合计不超过 20%。

四、没有签署合伙人股权分配协议

许多创业公司容易出现的一个问题是在创业早期大家埋头一起拼，不会考虑各自占多少股份和怎么获取这些股份，因为这个时候公司的股权就是一张空头支票，等到公司的"钱景"越来越清晰时，早期的创始成员会越来越关心自己能够获取到的股份比例，而如果在这个时候再去讨论股权怎么分，很容易出现分配方式不能满足所有人的预期，导致团队出现问题，影响公司的发展。所以，在创业早期就应该考虑好股权分配，签署股权分配协议。

五、合伙人股权没有退出机制

合伙人股权战争最大的导火索之一，是没有退出机制。例如，有的合伙人早期出资 5 万元，持有公司 30% 的股权。干满六个月就因为与团队不和主动离职了或由于不能胜任、健康原因或家庭变故等被动离职了。离职后，退出合伙人坚决不同意退股，理由很充分，诸如：《公司法》没规定股东离职得退股；公司章程没有约定；股东之间也没签过任何其他协议约定；甚至没就退出机制做过任何沟通；他不仅出过钱，也阶段性地参与了创业。

其他合伙人认为，不回购股权，既不公平，也不合情不合理，但由于事先没有约定合伙人的退出机制，对合法回购退出合伙人的股权束手无策。

对于类似情形，通常建议在企业初创时期，合伙人的股权分为资金股与人力股，资金股占小头（通常占 10%~20%），人力股占大头（80%~90%），人力股至少要与四年服务期限挂钩，甚至与核心业绩指标挂钩；如果合伙人离职，资金股与已经成熟的人力股，离职合伙人可以兑现，但未成熟的人力股应当被回购；鉴于中国人"谈利益，伤感情"的观念，建议合伙人之间首先就退出机制的公平合理性充分沟通理解到同一个波段，做好团队的预期管理，然后再做方案落地。

六、外部投资人对公司控股

对股权缺乏基本常识的，不仅是创业者，也包括大量非专业机构的投资人。例如，有投资人投 70 万元，创始人投 30 万元，股权一开始简单、直接、高效、粗暴地做成 70：30。

外部投资人控股存在很多问题，不利于公司的长期发展。首先，创始团队没有足够的工作动力，感觉是在为别人打工；其次，没有预留足够股权利益空间吸引优秀的合伙人加入；最后，这类股权架构让投资机构避而远之，影响公司的下一步融资。

七、给兼职人员发放大量的股权

很多初创企业热衷于找一些高大上的外部兼职人员撑门面，并发放大量股权。但是，这些兼职人员既没多少时间投入，也没承担创业风险。股权利益与其对创业项目的参与度、贡献度严重不匹配，性价比不高，这也经常导致全职核心的合伙人团队心理失衡。

对于外部兼职人员，建议以期权的模式合作，而且对期权设定成熟机制（如顾问期限、顾问频率甚至顾问结果），而不是大量发放股权。经过磨合，如果弱关系的兼职人员成为强关系的全职创业团队成员，公司可以给这些人员增发股权。

八、给短期资源承诺者发过多股权

很多创业者在创业早期需要借助很多资源为公司的发展起步，这个时候最容易给早期的资源承诺者许诺过多股权，把资源承诺者变成公司合伙人。

事实上，创业公司的价值需要整个创业团队长期投入时间和精力去实现，资源是一方面，更重要的是对资源的利用。对于只是承诺投入资源，但不全职参与创业的人，更适合优先考虑项目提成，谈利益合作，而不是股权合伙。

九、没有给未来员工预留股权

公司的发展离不开人才，股权是吸引人才加入的重要手段。创始人最初分配股权时就应该预留一部分股份放入股权池，用于持续吸引人才和进行员工激励。原始创业股东按照商定的比例分配剩下的股份，股权池的股份可以由创始人代持。

十、配偶股权没有退出机制

全职直接参与公司运营管理的核心团队，是创业合伙人。然而，容易被忽视的是创业合伙人的配偶，其实是背后最大的隐形创业合伙人。

中国的离婚率近年有上升趋势，创业者群体的离婚率可能高于平均水平。根据中国法律规定，婚姻期间的财产属于夫妻共同财产，除非夫妻间另有约定。创业者离婚的直接结果是公司实际控制人发生变更。土豆创始人王薇因为配偶股权纠纷，影响了土豆的最佳上市时机，为此付出了巨大的代价。创投圈还专门为此设计了"土豆条款"，简单粗暴地要求创业者配偶放弃就企业股权主张任何权利，结果处理不当，股权没分完，婚先离了。

为了既保障公司股权与团队的稳定性，又兼顾配偶合理的经济利益，稳固创业者后方的和谐家庭关系，一方面，约定股权为创业者个人财产；另一方面，创业者同意与配偶分享股权变现利益，做到钱权分离。

根据相关统计数据，有高达 60.03% 的创业企业没有就配偶股权做到钱权分离。一旦创业者婚姻出现变数，创业者就只能愿赌服输。

[案例] "腾讯五虎" 的股权智慧

1998 年 11 月，马化腾与他的同学张志东"合资"注册了深圳腾讯计算机系统有限公司。之后又吸纳了三位股东：曾李青、许晨晔、陈一丹。为避免彼此争夺权力，马化腾在创立腾讯之初就和四个伙伴约定清楚：各展所长、各管一摊。马化腾是 CEO（首席执行官），张志东是 CTO（首席技术官），曾李青是 COO（首席运营官），许晨晔是 CIO（首席信息官），陈一丹是 CAO（首席行政官）。到 2005 年，这五人的创始团队还基本保持这样的合作阵型，不离不弃。直到腾讯做到如今的帝国局面，其中四人还在公司一线，只有 COO 曾李青挂着终身顾问的虚职而退休。

其实，在企业迅速壮大的过程中，要保持创始人团队的稳定合作很不容易。在这个背后，工程师出身的马化腾从一开始对于合作框架的理性设计功不可没。

从股份构成上来看，五个人一共凑了 50 万元，其中马化腾出了 23.75 万元，占了 47.5% 的股份；张志东出了 10 万元，占 20% 的股份；曾李青出了 6.25 万元，占 12.5% 的股份；其他两人各出 5 万元，各占 10% 的股份。虽然主要资金都由马化腾所出，他却自愿把所占的股份降到一半以下，即 47.5%。"要他们的总和比我多一点点，不要形成一种垄断、独裁的局面。"马化腾说。同时，他认为自己一定要出主要的资金，占大股。"如果没有一个主心骨，股份大家平分，到时候也肯定会出问题，同样完蛋。"

保持稳定的另一个关键因素，就在于搭档之间的"合理组合"。

据《中国互联网史》作者林军回忆说，"马化腾虽然非常聪明，但也非常固执，注重用户体验，愿意从普通用户的角度去看产品。张志东是脑袋非常活跃，对技术很沉迷的一个人。马化腾技术上也非常好，但是他的长处是能够把很多事情简单化，而张志东则是更多地把一件事情做得完美化。"

许晨晔和马化腾、张志东同为深圳大学计算机系的同学，他是一个非常随和且有自己的观点，但不轻易表达的人，是有名的"好好先生"。而陈一丹是马化腾在深圳中学时的同学，后来也就读深圳大学，他十分严谨，同时又是一个非常张扬的人，他能在不同的状态下激起大家的热情。

如果说其他几位合作者都只是"搭档级人物"的话，那么只有曾李青是腾讯五个创始人中最好玩、最开放、最具激情和感召力的一个人，与温和的马化腾、爱好技术的张志东相比，是另一种类型的人。其大开大合的性格，也比马化腾更具备攻击性，更像拿主意的人。不过或许正是这一点，也导致他最早脱离了团队，单独创业。

后来，马化腾在接受多家媒体的联合采访时承认，他最开始也考虑过和张志东、曾李青三个人均分股份的方案，但最后还是采取了五人创业团队，根据分工占据不同股份结构的策略。即便是后来有人想加钱、占更大的股份，马化腾也说不行，"根据我对你能力的判断，你不适合拿更多的股份"。因为在马化腾看来，未来的潜力要和应有的股份匹配，不匹配就要出问题。如果拿大股份的不干事，干事的股份又少，就会产生矛盾。

当然，经过几次稀释，最后他们上市所持有的股份比例只有当初的1/3，但即便是这样，他们每个人的身价都还是达到了数十亿元人民币，是一个皆大欢喜的结局。

可以说，在中国的民营企业中，能够像马化腾这样，既包容又拉拢，选择性格不同、各有特长的人组成一个创业团队，并在成功开拓局面后还能依旧保持着长期默契合作，是很少见的。而马化腾的成功之处就在于，他从一开始就很好地设计了创业团队的责、权、利。能力越大，责任越大；权力越大，收益也就越大。不能不说，这是一个难得的兄弟创业故事，其理性堪称标本。

应该提及的是，腾讯除创业初期少数员工获得股权激励之外，在2009~2011年也给员工发过两轮股权奖励，有3200多名受惠员工。腾讯的员工为2万人左右，员工持股比例相当于17%左右。不过，两批奖励股票加起来也只有腾讯发行股本比例的0.55%。令员工们欣慰的是，腾讯的股票过去几年翻了数倍，虽然股票不多但平均每年也可以赚近100万元。

第三章

合伙人股权的进入与退出机制

在公司发展的不同阶段，创业者都会面临公司股权架构设计问题。如何选择合伙人搭班子？如何建立股权进入机制？如何建立股权退出机制？这些是企业最核心的问题。为此，这部分内容强调了选择合伙人的重要性，提出了股权的进入机制和退出机制的设计思路，介绍了合伙人"股权动态成熟机制"，并结合新东方的案例讨论了建立稳定的合伙人机制的做法。

第一节　合伙人比商业模式更重要

我们先一起来看小米合伙人的案例：

很多人知道，小米有个"土鳖"与"海龟"混搭的豪华合伙人团队。很多创业者可能会问，小米合伙人的股权是如何分配设计的。首先，小米目前商业上的成就，是多方面的原因，合伙人股权架构肯定只是其中一个方面；其次，每个企业都有不可复制性，但做事情背后的理念与思路有其通性，可以借鉴。

既有创业能力，又有创业心态，是选择合伙人的条件，也是设计股权进入机制的前提。小米合伙人团队恰恰具有这些特点：

一是创业能力。他们都是创始人自己找来的合伙人，或经过磨合的合伙人推荐过来的合伙人，合伙人之间都经历过磨合期。雷军、林斌和KK都是做软件出身，王川、周光平、刘德做硬件，阿黎做互联网服务。其中，雷军与阿黎、王川是很多年的朋友，雷军与林斌谈得来，早期雷军做天使投资时就认识林斌，最后把林斌挖到了自己那里。他们都是围绕小米的铁人三项核心业务"软件、硬件与互联网服务"。

二是创业心态。在小米很早期就参与创业，不领工资或愿意拿低工资，愿意进入初创的企业，早期参与创业。掏真金白银买股票，团队内部56名早期员工就投资了1100多万美元，从这一点可以看出这个人是否看好这个公司。

在小米投资人刘芹看来，找人这件事情，考验你对创业方向的思考深度。战略你想不清楚，你就找不对人，也不容易说服人。你的战略想得越透，你对所规划需要找的人的描述就越清楚。牛人野心都很大，如果你的野心不是足够大，甚至不比他更大，人家加入你的创业就是有病。

总的来说，创始人首先考虑公司未来的商业模式与核心业务节点，然后考虑支撑商业模式的合伙人团队组成。商业模式与合伙人团队组成想明白了，股权架构也就出来了。股权架构出来了，一个萝卜一个坑，创始人就知道该如何与合伙人谈进入机制与退出机制了。

小米豪华合伙人团队无法复制，但是小米寻找合伙人的经验值得借鉴：第一，股权分配背后对应的是如何搭班子，先得找到对的合伙人，然后才是股权配置。创业者得去思考，公司业务发展的核心节点在哪儿？这些业务节点是否都有人负责？这些人是否都有利益？第二，合伙人之间要在具体事情上经过磨合。第三，给既有创业能力，又有创业心态的合伙人发放股权。第四，通过圈内靠谱人推荐其圈内朋友，是寻找合伙人的捷径。例如，公司想找产品经理，直接去挖业务闻名的产品经理；如挖不成，就让他帮忙推荐他圈内的产品经理，要相信业内人的眼光与品位。

相比之下，现实中很多创业者相信独行侠主义，信奉只靠自己的人生哲学，但回头看那些解体的企业，却往往正是因为在创业初期没有合适的团队结伴而行，才导致了最终的失败。很多人感叹新东方的成功，羡慕阿里巴巴的地位，惊讶小米的爆发力，但鲜有人意识到这点——如果背后没有联合创始人无论高峰还是低谷的不离不弃，很难说企业会有现在的辉煌。对于初创团队而言，合伙人比商业模式重要得多。

总结现实中许多成功的合伙创业企业的经验，我们认为，选择什么样的人做创业合伙人至关重要。从小米的合伙人选择，我们可以从下面得到一些启发。

一、资源互补，取长补短

不是说你有钱，我也有钱；你有一百元，我也有一百元；你会除草，我也会除草；你拿锄头，我也拿锄头就去干活了。一定要资源互补，取长补短。合伙人是我不能没有你，你也不能没有我的关系。谁也不能缺了谁，才可以成为合伙人。

二、一定要各自独当一面

我分内的事情，我处理；你分内的事情，你处理。例如，你是 CTO，你就负责产品技术；你是 COO，运营的部分就交给你；我是 CEO，就统揽全局。

各自认领一亩三分地，就是最好的合伙人组合。不能说你干活的时候我也能够说两句，我做事情的时候，也指望你能不能帮两把。

三、要"背靠背"

背靠背的意思是我的后面交给你，你的后面交给我。前面的事情我来处理，后面的事情你来处理。在这种情况下，才能形成一个比较好的共同体。

背靠背强调的是各自独当一面，实现各自包括研发、运营、资金、渠道等优势有效整合的团队，合伙人之间紧密联系，不可相互替代，只有这样合伙人才可以参与股权的分配。

四、最好能共同出资

很多创业团队都有这样的现象：我没钱，但我有技术，或者我没有技术，但我可以做营销推广，这种情况下当然也是一种组合。但是，作为共同打造未来的核心团队，创业合伙人最好能够共同出资，当然出资不一定要求同比例。

初创企业的合伙人非常非常重要，重要的程度超过你想做的市场方向。创业者一定要清楚什么样的人才能成为合伙创业的人，否则就会像有句话所说的那样——内里蛀空远胜于外敌的入侵！

第二节　合伙人"股权动态成熟机制"

要做好合伙人股权的进入退出机制，最重要的是想明白什么是合伙人。合伙人就是法律意义上的股东，同时合伙人是公司最大的贡献者，也是主要参与分配股权的人。合伙关系是接近于婚姻关系的"长期""强关系"的"深度"绑定。合伙之后，公司的大小事情，合伙人之间都得商量着来，重大事件，甚至还得合伙人同意。公司赚的每一分钱，不管是否和合伙人直接相关，大家都按照事先约定好的股权比例进行分配。也就是说，合伙人之间在具体事情上需要经过磨合，正所谓先恋爱，后结婚。

创业初期，创始团队不稳定，经常会出现一种窘迫的局面：当股权分给创始人后，有的合伙人中途离开，但手中还持有公司股权。针对这种情况，需要建立"动态成熟机制"，这是一种创始人股权成熟机制，是指从离职创始人手中收回股权的安排。联合创始人离职了，股权还在他手里的问题在创业过程中很常见，大多数创业企业不怎么重视这种创始人股权成熟机制，并往往因此毁于一旦。

关于合伙人股权的进入与退出，我们来看一个例子：

有四个创业者合伙创业，创业进行到一年半时，四人中有一个合伙人与其他合伙人不合，而且这个人又有个其他更好的机会，于是这个人提出离职。但是，对于这个合伙人持有的公司 30% 的股权该如何处理，大家都不知所措了。

离职合伙人说，我从一开始即参与创业，既有功劳，又有苦劳，《公司法》也没有规定股东离职必须退股，公司章程也没规定合伙人之间要签署其他协议，股东退出得退股；合伙人之间从始至终就离职退股也没做过任何沟通。据此，离职合伙人拒绝退股。

其他留守的合伙人说，我们还得像养小孩儿一样把公司养五年，甚至十年。你打个酱油就跑了，不交出股权，对我们继续参与创业的其他合伙人不公平。

双方互相折腾，互相折磨……

一、什么是"动态成熟机制"

所谓"动态成熟机制"，它指的是：第一，每个创始人在一开始就会获得属于他的全部股权；第二，如果创始人中途离开了创业企业，创业企业有权以极低的价格，回购创始人一定比例的股权。

例如，创业企业事先设定了"动态成熟机制"，联合创始人中途离开了创业企业，将来出售公司时的价款，跟他没有半毛钱的关系，因为在他离开公司时，公司已经回购了他手里的股权。

"动态成熟机制"并非是在限制创始人的股权，这种做法其实是有利于创始人的。这种机制合理地平衡了留守创始人和离职创始人之间的利益。可以说这种机制是创始人和创业企业最好的"朋友"：一方面，离职创始人带着股权离职，将会严重损害留守创始人的合理利益，削弱其继续工作的积极性，而这一机制可以有效地防止此风险；另一方面，这一机制也能够激励每个创始人都朝同一个目标共同奋斗，即创建一个成功的企业。

"动态成熟机制"可以分为期限模式和目标模式：

（1）期限模式。是指创始人股权按期限分批成熟，成熟期可以是四年，也可以是三年或两年。通常情况下，创始人股权成熟机制设定四年的成熟期，其中第一年是创始人的最短服务期。如果创始人把全部工作时间都投入创始企业，在工作满了第一年后，可以一次性成熟其股权的 1/4；在此之后，才开始按月或季度，一批一批地成熟后续的股份，例如，每个月成熟 1/48，直到干满 48 个月（四年）后，全部股权成熟。这种期限模式，是最常见的创始人股权成熟模式。因此，如果创始人分得了公司 50% 的股权，在干满两年后离开，那么这 50% 中的一半（即公司股权的 25%）就已经成熟了，他可以继续持有这 25% 的股权，剩下的 25% 被公司以极低价回购。如果创始人在公司的工作时间不到一年，没有达到最短服务期，那么连第一批股权（即 1/4）都还没有成熟，所以最后他在离开时不再持有公司任何股权，全部股权被公司回购。如果他干到了第 366 天才离职，那这 1/4 就成熟了，公司只能回购剩下的 3/4，所以他还能继续持有 12.5% 的公司股权（即 50% 的 1/4）。

（2）目标模式。是指创始人股权按照阶段性的目标来分批成熟。当创业企业实现某些阶段性的目标后，创始人一定比例的股权才能成熟。因此，创始人的股权成熟，不是与他的服务期挂钩的，而是与他的某种绩效挂钩。例如，在产品测试版发布时，股权成熟 1/4；在产品正式版发布时，继续成熟一部分股权；在产品 2.0 版本发布时，再成熟一部分股权。如果产品测试版还没有发布出来之前，创始人就离职的，那么他的股权都没有成熟，公司都可以回购，此种情况创始人离职时一点股权都带不走。目标模式下的目标设定一定要非常明确，否则如果各方对目标的理解不一样，很可能会在目标是否已经实现的问题上发生争议。例如，在上面的例子中，如果股权成熟的阶段性目标是发布产品测试版，那么准备离职的合伙人很可能在还未准备就绪时，就匆匆把测试版发布出来。创业企业可以根据自己的实际情况，综合考虑可以作为股权成熟阶段性目标的事项。例如，在实现 A 轮融资时，股权成熟一部分；APP 活跃用户数达到一定量时，股权成熟一部分；餐厅分店开到第 N 家时，股权成熟一部分；连续三个月的月均营业收入达到某一标准时，股权成熟一部分。

创始人分得的股权，是用来奖励他在企业初创阶段的巨大贡献。但是创始人的这种贡献，是在相对较长的一段创业期里逐渐释放出来的。所以，联合创始人中途离开，可以把他获得的股权视为他在这段创业期里挣来的工资。因此，可以把创始人分得的全部股权分成若干批次，像发工资一样，然后每间隔一段时间，让创始人获得一小批股权。

二、"动态成熟机制"的做法

"动态成熟机制"是为了避免创始人带着股权离职，为此把创始人分得的股权分解为若干批次，创始人像挣工资一样，每工作一段时间，获得一部分股权。其具体做法是：先把股权一股脑儿都分给创始人，然后分批成熟；创始人离职时，尚未成熟的部分，公司可以低价回购回来。

为什么股权非得一股脑儿先全部分配给创始人，然后再费尽心思地分批成熟？一批批地把股权分配给创始人，这样不就得了？在中国，不推荐这样做的原因主要包括两点：其一，如果每隔一个月分配一批股权，那么每隔一个月都要因为股权变更而办一次工商变更登记，成本太高，可能上一次的股权变更还没有办完，下一批的股权又要成熟了；其二，把股权先一次性分配给创始人，创始人一开始享有股东的全部权利，包括投票权，这样能更好地激发创始人的主人翁意识，鼓励其积极地投入到工作中去。

其实，《公司法》允许股权回购的做法，并将这种回购视为公司减资。例如，公司在注册时股份为 200 万份，你和联合创始人分别持有股权 70 万份，天使投资人持有股权 60 万份。两年后，当联合创始合伙人离开公司时，他的股权成熟了 1/2，所以他将会持有股权 35 万份。另外 35 万份的股权，会被公司回购。然后公司的总股份从 200 万份降低到 165 万份。由于总股份减少，留守股东的股权比例就相应增加了。这相当于把离职创始人的未成熟股权，分配到每个留守创始人头上。

公司减资在中国法律环境下，相比一般的股权变更，程序更复杂、更耗时耗力，操作性不高。所以，为了避免这种问题，可以变通处理为：由留守创始人向离职创始人回购股权。当然，如果留守创始人人数众多，可以事先指派其中一人出面回购；回购回来的股权，由这名创始人代持，但实际是按比例属于全部留守创始人。

三、股权进入与退出机制设计需要注意的问题

1. 尽早确定成熟机制

尽可能早地设定创始人股权成熟机制，并签订书面协议。例如，一旦开始正式为创业项目开展工作，就需要设定好这种机制。大多数创始人会在公司设立时来签订这样的协议，最晚也不能晚于公司开始赚钱或融资后，因为到那时已经离职或者准备离职的创始人将会很难同意这样的协议。

2. 兼职的期限不计入成熟期

创始人只有开始全职为创业企业工作，才能开始按成熟期计算。如果他头半年兼职创业，那么这半年是不能计入成熟期的。

3. 已工作的期限视为已成熟

如果公司准备采取创始人股权成熟机制，但是在签协议之前，创始人就已经开始全职为创业企业工作了，例如，已经工作了一年，那么这一年对应的应成熟股权，在签协议时就可以立即成熟了。

4. 最好提前分配股权规划

一般情况下，参与公司持股的人主要包括公司合伙人（创始人和联合创始人）、员工与外部顾问、投资方。在创业早期进行股权结构设计时的时候，要保证这样的股权结构设计能够方便后期融资、后期人才引进和激励。

当有投资机构准备进入后，投资方一般会要求创始人团队在投资进入之前在公司的股权比例中预留出一部分股份作为期权池，为后进入公司的员工和公司的股权激励方案预留，以免后期稀释投资人的股份。这部分作为股权池预留的股份一般由创始人代持。

而在投资进来之前，原始的创业股东在分配股权时，也可以先根据一定阶段内公司的融资计划，先预留出一部分股份放入股权池用于后续融资，另外预留一部分股份放入股权池用于持续吸引人才和进行员工激励。原始创业股东按照商定的比例分配剩下的股份，股权池的股份由创始人代持。

5. 合伙人股权代持

一些创业公司在早期进行工商注册时会采取合伙人股权代持的方式，即由部分股东代持其他股东的股份进行工商注册，来减少初创期因核心团队离职而造成的频繁股权变更，等到团队稳定后再给。

6. 工资白条与股份

创业早期很多创始团队成员选择不领工资或只领很少工资，而有的合伙人因为个人情况不同需要从公司里领工资。很多人认为不领工资的创始人可以多领一些股份，作为创业初期不领工资的回报。问题是，你永远不可能计算出究竟应该给多少股份作为初期不领工资的回报。比较好的一种方式是创始人给不领工资的合伙人记工资欠条，等公司的财务比较宽松时，再根据欠条补发工资。也可以用同样的方法解决另外一个问题：如果有的合伙人为公司提供设备或其他有价值的东西，如专利、知识产权等，最好的方式也是通过溢价的方式给他们开欠条，公司有钱后再补偿。

第三节　如何建立稳定的合伙人机制

在成功的合伙创业中，并非合伙人在一起都是一直默契的，在创业过程中难免有一些冲突。因为大家在一起做事情不能什么都是一个人做，一定要有合伙人。但是，这些合伙创业企业之所以成功，是因为建立了稳定的合伙人机制。在这方面，新东方的做法极具借鉴意义。新东方创始人俞敏洪曾经在"长江商学院 MBA 十周年庆祝论坛"上谈过这方面的体会，下面我们将他的观点做一总结，以作为大家学习借鉴的样本。

一、合伙成功的第一个要素："掌局者"

俞敏洪认为，成立一家公司，干一件事情，你先自己做一段时间，做的时间越长越好，这就奠定了这公司是你创立的基础。如果要一起干的话，有一个前提条件：你在这些人心目中已经奠定了一个非常良好的位置。

新东方创业时是俞敏洪、徐小平、王强三个人一起合伙，每个人拿约33%的股份，合起来变成100%，我们一起发财。新东方刚开始所谓的合伙，其实就是包产到户，即把新东方分成几个板块，例如，王强教口语，徐小平做出国咨询工作，俞敏洪来做考试工作。最后就是我拿我的钱，他拿他的钱，都是在新东方工作，这是一个非常松散的合伙制。把一个松散的合伙制度变成一个非常严格的股份制结构时要合在一起干，最后出问题了。第一，到底每个人占多少股份？新东方为了谁占多少股份的问题，确实花了很大的力气，因为除了王强和徐小平之外，还有很多其他重要的人。新东方最终划分了11个原始股东，然而这11个人每人拿多少股份也是一个大问题。大家说应该按照每个人过去在这个领域当中所做的贡献进行分配。但是，到底谁贡献大？谁贡献小？贡献如何来评估？谁来评估？在争论与妥协中，最终还是确定了股份比例。

二、创业要设立合理的增发机制

俞敏洪认为，如果大家在一起合伙的话，一定要有一个机制，先设计一个初始的股权比例，紧接着设计一个对多干能干的人增发股份的机制，让多干活的人在公司的权力不断增加。有这样一套机制，既可以合伙不散，也可以让内部多干能干的人在公司的权力慢慢地不断增加。

　　合伙人在一起，大家平起平坐，很容易出现不符合现代企业管理规范，大家互相抢的是面子，而不是抢着该怎么做事情的问题。这些种种问题，新东方到最后大概花了四年的时间才解决掉，变成了一个确确实实的股份制公司。新东方在上市之前没有增发股份，因为新东方预留的10%股份正好在上市之前用完，上市以后就开放了公开的期权发放机制，也不再需要新东方再去重新内部增发股份。俞敏洪说："我有几个大学同学，他们也合伙，我就帮他们设计了一套增发机制，他们到今天也没有打过架，因为每到年底的时候，就会根据谁干活的多少来进行增发，例如，有一个人刚开始占了40%左右的股份，现在已经稀释到了20%，因为他占了40%的股份，除了投钱之外什么工作都没做。工作都是其他的人在那儿干，那每年就要增发，增发到最后，原来占得很少的，一个占到10%多股份的人，现在已经被增发占到了30%多股份，因为作为整个公司的CEO，他一直是全身心地投入到工作中去的。"

三、根据不同发展阶段运用不同的人

　　俞敏洪认为，根据不同的时期、不同的发展阶段运用不同的人，是建立稳定的合伙人机制的要素之一。

　　刚开始俞敏洪成立新东方时，用的都是家族成员，因为雇用家族成员工资很便宜。在这个过程中，当然没有什么所谓的现代化结构，但是非常好用，因为都是家里人。然而，如果用家族成员一直做下去的话，可能就会出大问题。如果家族成员文化水平不够、管理经验不够、到处以家族成员身份乱插手，外面引进的职业经理人，没有一个会有尊严感。从1995年以后，俞敏洪就深刻意识到，家族成员继续留在新东方，会阻碍新东方的发展。于是，他到国外把这些大学同学、中学同学招回来，他们从才气到能力上，都超过了原来的家族成员，家族成员就只能退守一边。当然，处理过程很痛苦，但不处理就没有新东方现在的发展。现在的新东方内部没有家族成员，三级管理干部以上被发现有血缘关系的，连干部一起开除。俞敏洪说："这里要有一个转型，要根据不同的发展阶段来做你自己的事情。"

[案例] "万通六君子" 好聚好散
——以江湖方式进入，以商人方式退出

1991 年 9 月 13 日，冯仑、王功权、刘军、王启富和易小迪等在海南成立了万通的前身——海南农业高科技投资联合开发总公司（简称"农高投"）。王功权担任法人代表和总经理，冯仑担任副董事长，王启富、易小迪和刘军担任副总经理。1992 年初，潘石屹加入公司，担任总经理助理兼财务部经理，后来升为副总经理。

1993 年 1 月 18 日，"农高投"增资扩股，改制为有限责任公司形式的企业集团，即万通集团，由冯仑担任董事长和法人代表，由此六人被称为"万通六君子"。"万通六君子"在确定股权时采取了平均分配的方法，六人的话语权一样。1993 年 6 月，由万通集团投资并以定向募集方式发起组建了北京万通实业股份有限公司，成为北京最早成立的以民营资本为主体的大型股份制企业。

1995 年之前，六个人配合得很好，也协调得很好。当时，六个人以海南为中心，分散在广西、广东附近等省份，经常见面。1995 年起，万通的业务开始分布到北京、上海、长春等地，六个人分布在不同省份，负责各地的业务。由于当时沟通不便，造成信息不对称，再加上六个人性格不同、地域和管理企业的情况不同，大家在一些事情上形成了分歧，相互之间越来越不容易协调。

一方面，资源分配问题，同样做房地产，有的人说西安好，有的人说北京好，但资源是有限的。开常务董事会时，大家会互相认为对方的项目不好，由于实行的是一票否决制，大家很难达成统一。当时潘石屹在北京担任万通

实业总经理，北京的资源配置最多，各地开始绕过常务董事会，直接向潘石屹借钱，导致万通集团公司几乎成为了一个虚拟的总部，主要的业务和个人都在外地，谁拿到各地的具体项目谁就是老板。

另一方面，六个人对公司的发展战略也产生了分歧。有的人主张进行多元化，有的人认为应该做好核心业务；有的人不愿意做金融，有的人不愿意做商贸。有的项目在某几个人强力主导下才能开展，但做得顺利还好，一旦不顺利就会导致怨言。例如，1994 年收购东北华联，六个人的意见并不统一，在冯仑和王功权的主导下，万通用 7000 万元收购了东北华联，但之后的整合一直不顺利，成了一个费时、费力、费钱的烂摊子，最后赔了 4000 万元，冯仑和王功权的权威受到了挑战。

由于在企业资源分配、发展战略等方面不断发生冲突，六个人必须选择分开。但六个人因为共同的理想走到一起，又经历了重重考验，彼此间有深厚的感情，谁都不想分开，谁也不敢先说分家，更不知道如何说出口，兄弟情谊成为最难以跨越的一道障碍。

就在六个人都很痛苦、很矛盾的时候，王功权、潘石屹和冯仑因为种种契机接受了西方的思想，了解了西方商业社会成熟的合伙人之间处理纠纷的商业规则。冯仑提出"以江湖方式进入，以商人方式退出"，得到了大家的赞同，六兄弟得以和平分家。

1995 年，六兄弟进行了第一次"分手"，王启富、潘石屹和易小迪选择离开；1998 年，刘军选择离开；2003 年，王功权选择离开。至此，万通完成了从六个人到一个人（冯仑）的转变。

"分手"后，"万通六君子"都实现了各自的精彩。冯仑选择留守万通，后来通过借壳成了上市公司董事长；潘石屹与妻子张欣共同创立了 SOHO 中国有限公司，现任 SOHO 中国有限公司董事长；易小迪分到了广西万通，在此基础上创建阳光 100 集团，现任阳光壹佰置业集团有限公司董事长；王功权投身于风险投资，加盟鼎晖投资创办鼎晖创业投资基金，成为鼎晖创业投资基金高级合伙人，后来因民生银行、奇虎 360、江西赛维等项目名噪一时；

王启富一开始做国际贸易，后转做木地板，任海帝木业董事长，将海帝木业变成中国木地板业的知名品牌，后来创立富鼎和股权投资基金管理，主营房地产投资，是国内第一批房地产投资基金公司；刘军去了四川，从事农业高科技，现任成都农业高科技有限公司执行董事、总经理。在中国改革开放后的商业史上，"万通六君子""以江湖方式进入，以商人方式退出"的事件则成为了一段佳话。

回顾整个案例，可以看出"万通六君子"最终散伙的原因主要有以下两个方面：

一方面，六个人有不同的性格和价值观，分歧总会产生。六个人都很出色，能力突出，企业大了，各有各的想法，由此产生了一系列的矛盾，争吵和分开是不可避免的。

另一方面，过于重视兄弟友谊和道义。冯仑在《野蛮生长》中以"梁山模式"形容"万通六兄弟"，"座有序、利无别"，股权利润完全平分，如同梁山好汉在海南聚义，是水浒的现代翻版，结果在商业合伙的关系中，兄弟情谊往往凌驾了合伙关系。

在创业阶段，因为不确定性等因素，创业团队往往习惯于用道义凝聚成员，但这缺乏持续性，也不稳定，最后还是需要依靠商业规则和制度的力量来妥善解决。如果在合伙之初能够确立明确的产权关系，包括合伙人退出机制，那可能六个人最后的分手也不会这么痛苦。

第二篇　股权资本

第四章

股权投资：股权时代，无股权不富

中国已经进入了"无股权不富"的股权时代，股权投资可以获得较大的经济利益。为了有助于大家做好股权投资，这里介绍了一下相关内容：公司估值的方法、股权投资的类型、股权投资的核算方法、股权投资分析方法、股权投资的减值准备、私募股权投资的主要组织形式及私募股权投资运作流程。

第一节 公司估值的几种方法：可比《公司法》、可比交易法、现金流折现、资产法

公司估值是指着眼于公司本身，对公司的内在价值进行评估。公司内在价值决定于公司的资产及其获利能力。公司估值有一些定量的方法，但在操作过程中要考虑到一些定性的因素，传统的财务分析只提供估值参考和确定公司估值的可能范围。根据市场及公司情况，被广泛应用的有以下几种估值

方法：可比《公司法》、可比交易法、现金流折现和资产法。

一、可比《公司法》

首先要挑选与非上市公司同行业可比或可参照的上市公司，以同类公司的股价与财务数据为依据，计算出主要财务比率，然后用这些比率作为市场价格乘数来推断目标公司的价值。

国内市场参与者往往倾向于运用可比公司估值的方法通过乘数为证券或公司定价，但很多时候忽略了可比公司估值的使用前提：除了企业规模的标准化需求之外，还要考虑可比企业之间的很多非营运性的区别，其中包括财务杠杆、会计处理、临时偏离（一次性项目）、租赁行为、商业产品周期等对估值方式带来的影响。为了使公司具有可比性，可比《公司法》将考虑公司规模、公司的相似性、公司已经营的年限，最近的变化趋势，以及其他的一些变量。

可比公司估值最直接的例子：当我们买房的时候，如果把周围类似的房子放到一起进行比较，那么你就在做可比公司估值了。

二、可比交易法

挑选与初创公司同行业、在估值前一段合适时期被投资、并购的公司，基于中小企业融资或并购交易的定价依据作为参考，从中获取有用的财务或非财务数据，求出一些相应的中小企业融资价格乘数，据此评估目标公司。

例如，A公司刚刚获得中小企业融资，B公司在业务领域跟A公司相同，经营规模上（如收入）比A公司大一倍，那么投资人对B公司的估值应该是A公司估值的一倍左右。又如分众传媒在分别并购框架传媒和聚众传媒的时候，一方面，以分众的市场参数作为依据；另一方面，框架的估值也可作为聚众估值的依据。

可比交易法不对市场价值进行分析，而只是统计同类公司中小企业融资并购价格的平均溢价水平，再用这个溢价水平计算出目标公司的价值。

三、现金流折现

这是一种较为成熟的估值方法，通过预测公司未来自由现金流、资本成本，对公司未来自由现金流进行贴现，公司价值即为未来现金流的现值。

运用现金流折现，老窖是活生生的案例。此处以泸州老窖这只当前市场"弃儿"为例，轮廓性演示一下现金流折现法的运用。

（1）泸州老窖从大明万历皇帝登基的 1573 年开始酿造。

400 多年来，无论繁荣还是萧条，战争还是和平，盛世或是乱世，都没有妨碍老窖的悠悠酒香，由此，可以大概地认定，泸州老窖未来依然会存在。

（2）泸州老窖每年都可以通过出售商品，获取大量现金。

而且其生产设备（酒窖）无须投入大量现金维护。数据显示，过去 10 年，泸州老窖累计经营现金流，大于累计净利润。而累计资本投入额占净利润总额不足 13% 的股份，占销售收入总额不足 5%。目前，尚未发现出售商品获取现金的能力及低资本投入的特点，有任何改变的迹象。

（3）公司预计 2013 年净利润 34.4 亿元，同比下降 21.55%。

如果以此为基础，毛估未来两年净利润继续同比下降 20%，其后触底保持 5% 的永续增长。即 2014 年净利润 27.5 亿元，2015 年净利润 22 亿元，其后年利润增幅为 5%。对于泸州老窖，可以粗略地将净利润等同于经营现金流，将资本支出估算为净利润的 15%。那么，我们将得到 2013～2016 年的自由现金流分别为 29.2 亿元、23.4 亿元、18.7 亿元、19.6 亿元。

（4）假设采用 10% 的折现率，2013～2015 年的自由现金流折现值总和为 66 亿元（29.2 + 21.3 + 15.4）。其永续价值为 392 亿元 [19.6 ÷（10% ～ 5%）]。2016 年的 392 亿元折现值为 295 亿元。因此，在上述假设条件下，其内在价值约为 361 亿元（295 + 66）。

以上计算，仅仅用于演示现金流折现法的运用，非投资建议。

四、资产法

资产法是假设一个谨慎的投资者不会支付超过与目标公司同样效用的

资产的收购成本。例如，中海油竞购尤尼科，根据其石油储量对公司进行估值。

资产法是建立在历史成本的基础上，只注重企业资产的现实价值，不考虑资产价格的变动及企业的未来发展，是一种静态的评估方法。这个方法给出了最现实的数据，通常是以公司发展所支出的资金为基础。其不足之处在于假定价值等同于使用的资金，投资者没有考虑与公司运营相关的所有无形价值。另外，资产法没有考虑到未来预测经济收益的价值。所以，用资产法对公司估值，结果是最低的。

第二节　股权投资的四种类型：控制、共同控制、重大影响、无控制

股权投资是指通过投资取得被投资单位的股份。是指企业（或者个人）购买的其他企业（准备上市、未上市公司）的股票或以货币资金、无形资产和其他实物资产直接投资于其他单位，最终目的是获得较大的经济利益，这种经济利益可以通过分得利润或股利获取，也可以通过其他方式取得。

股权投资分为以下四种类型：控制、共同控制、重大影响和无控制。

一、控制型股权投资

控制是指有权决定一个企业的财务和经营政策，并能据以从该企业的经营活动中获取利益。投资企业能够对被投资单位实施控制的，被投资单位为其子公司，投资企业应将子公司纳入合并财务报表的范围。

在实务中，控制的持股比例通常情况下必须高于50%，但是具体判断的时候也要结合条件，根据实质重于形式的原则判断，即如果某公司的持股比例仅为45%，但是根据公司章程或是其他约定该企业可以控制被投资单位的

生产经营决策，那么虽然持股比例为 45%，但是这里也是可以对被投资单位实施控制的。

二、共同控制型股权投资

共同控制是指按照合同约定对某项经济活动所共有的控制，仅在与该项经济活动相关的重要财务和生产经营决策需要分享控制权的投资方一致同意时存在。投资企业与其他方对被投资单位实施共同控制的，被投资单位为其合营企业。

在实务中，在确定是否构成共同控制时，一般可以考虑以下三种情况：第一，任何一个合营方均不能单独控制合营企业的生产经营活动；第二，涉及合营企业基本经营活动的决策需要各合营方一致同意；第三，各合营方可能通过合同或协议的形式任命其中的一个合营方对合营企业的日常活动进行管理，但其必须在各合营方已经一致同意的财务和经营政策范围内行使管理权。当被投资单位处于法定重组或破产中，或者在向投资方转移资金的能力受到严格的长期限制情况下经营时，通常投资方对被投资单位可能无法实施共同控制。但如果能够证明存在共同控制，合营各方仍应当按照长期股权投资准则的规定采用权益法核算。

三、重大影响型股权投资

重大影响是指对一个企业的财务和经营政策有参与决策的权力，但并不能够控制或者与其他方一起共同控制这些政策的制定。

在实务中，较为常见的重大影响体现为在被投资单位的董事会或类似权力机构中派有代表，通过在被投资单位生产经营决策制定过程中的发言权实施重大影响。投资企业直接或通过子公司间接拥有被投资单位 20% 以上但低于 50% 的表决权股份时，一般认为对被投资单位具有重大影响，除非有明确的证据表明该种情况下不能参与被投资单位的生产经营决策，不形成重大影响。在确定能否对被投资单位施加重大影响时，一方面应考虑投资企业直接或间接持有被投资单位的表决权股份，另一方面要考虑企业及其他方持有的现行可执行潜在表决权在假定转换为对被投资单位的股权后产生的影响，如被投资单位发行的现行可转换的认股权证、股份期权及可转换公司债券等的影响。

四、无控制型股权投资

无控制，即无共同控制且无重大影响，合称"三无"。"三无"就是参股性质，它与交易性金融资产的区别在于：长投在活跃市场没有报价，且不能可靠计量，但交易性金融资产有报价，且能可靠计量；同时，交易性金融资产是二级市场也就是股市取得，而长投一般是一级市场，所以没有可靠的公允价值，所以，"三无"中一般是交易性金融资产。

在实务中，根据《企业会计准则第 22 号——金融工具确认和计量》（以下简称《准则》）来操作。本准则是 2006 年 2 月 15 日发布的 38 个具体准则中篇幅最大、难度最大，但意义也很重大的一个准则。

《准则》第三十二条规定："在活跃市场中没有报价且其公允价值不能可靠计量的权益工具投资，以及与该权益工具挂钩并须通过交付该权益工具结算的衍生金融资产，应当按照成本进行后续计量。"据此，对于此类"三无"长期股权投资转入金融工具准则规范后的分类和后续计量问题，一般可按以下路径把握：

第一，对于《准则》的规定，无活跃市场、公允价值不能可靠确定的"三无"股权投资应归类为可供出售金融资产。

第二，该类投资分类为可供出售金融资产的，对其后续计量按以下原则处理：首先，企业在向关键管理人员提交内部管理报告、评价投资业绩、做出投资决策和编制对外财务报告时，以公允价值作为此类投资资产的首要计量基础的，应采用合理的会计估计和估值手段，就修订后长期股权投资准则生效日和比较财务报表期间持有的可供出售金融资产的公允价值进行评估。权益工具没有活跃市场报价，并非一定代表公允价值不能可靠计量。只有在公允价值合理估计数的变动区间很大，且公允价值变动区间内，各种用于确定公允价值估计数的概率无法合理地确定的前提下，才能认定公允价值不能可靠计量，并按照《准则》第三十二条规定来操作。其次，除上述情形以外的其他企业，对于被投资单位不具有控制、共同控制和重大影响的长期股权投资，如果在活跃市场中没有报价且其公允价值不能可靠计量的，也应当根据《准则》第三十二条规定来操作。

第三节　股权投资核算方法：成本法核算和权益法核算

成本法核算和权益法核算是基于股权投资的两种收益观点而产生的两种损益确认方法。

第一种观点认为，在收到利润或现金股利时确认收益。股权投资成本是企业取得被投资单位股权时的实际支出，一项投资能够获得多少利益，在很大程度上取决于能分得多少利润或现金股利。当处置某项股权投资时，计算该项投资累积获得的收益是实际分得的利润或现金股利，加上处置该项投资时实际收回金额与其成本的差额。从这种观点出发，产生了长期股权投资以初始投资成本计量，收到利润或现金股利时确认为投资收益的股权投资核算方法，这种方法通常称为成本法。用成本法确认收益，能反映企业实际获得的利润或现金股利的情况。

第二种观点认为，按所持股权代表的所有者权益的增减变动确认收益。股权代表股东享有、承担被投资单位的利益或损失的权利，当被投资单位产生利润而增加所有者权益时，投资企业应按投资比例确认投资收益，同时增加投资的账面价值；反之，若被投资单位发生亏损而减少所有者权益时，投资企业应按投资比例计算应分担的份额，确认为投资损失，同时减少投资的账面价值。这种确认损益的方法，通常称为权益法。

一、成本法核算如何确认股权投资收益

股权投资成本法只有在出售转让以及收到股东分配利息或者股利的时候确认投资收益，期间因参股而取得的收益或损失不做处理。

在成本法下，长期股权投资以初始投资成本计价，一般不调整其账面价值。只有在收到清算性股利和追加或收回投资时应当调整长期股权投资的成本。在成本法下，长期股权投资应当按照初始投资成本计量。追加或收回投资应当调整长期股权投资的成本。被投资单位宣告分派的现金股利或利润，确认为当期投资收益，不管有关利润分配是属于对取得投资前还是取得投资后被投资单位实现净利润的分配。

通常情况下，投资企业在取得投资当年自被投资单位分得的现金股利或利润应作为投资成本的收回；以后年度，被投资单位累计分派的现金股利或利润超过投资以后至上年年末止被投资单位累计实现净利润的，投资企业按照持股比例计算应享有的部分应作为投资成本的收回。

二、权益法核算确认股权投资收益应考虑的因素

采用权益法核算的长期股权投资，在确认应享有或应分担被投资单位的净利润或净亏损时，在被投资单位账面净利润的基础上，应考虑以下因素的影响进行适当调整：一是被投资单位采用的会计政策及会计期间与投资企业不一致的，应按投资企业的会计政策及会计期间对被投资单位的财务报表进行调整，在此基础上确定应享有被投资单位的损益。二是以取得投资时被投资单位各项可辨认资产等的公允价值为基础，对被投资单位的净利润进行调整后确认。实施投资企业在采用权益法确认投资收益时，应抵消与其联营企业及合营企业之间发生的未实现内部交易损益。该未实现内部交易既包括顺流交易也包括逆流交易。

投资企业与其联营企业及合营企业之间的未实现内部交易损益抵消与投

资企业与子公司之间的未实现内部交易损益抵消有所不同，母子公司之间的未实现内部交易损益在合并财务报表中是全额抵消的，而投资企业与其联营企业及合营企业之间的未实现内部交易损益抵消仅仅是投资企业或是纳入投资企业合并财务报表范围的子公司享有联营企业或合营企业的权益份额。

对于联营企业或合营企业向投资企业出售资产的逆流交易，在该交易存在未实现内部交易损益的情况下（即有关资产未对外部独立第三方出售），投资企业在采用权益法计算确认应享有联营企业或合营企业的投资损益时，应抵消该未实现内部交易损益的影响。当投资企业自其联营企业或合营企业购买资产时，在将该资产出售给外部独立第三方之前，不应确认联营企业或合营企业因该交易产生的损益中本企业应享有的部分。因逆流交易产生的未实现内部交易损益，在未对外部独立第三方出售之前，体现在投资企业持有资产的账面价值当中。投资企业对外编制合并财务报表的，应在合并财务报表中对长期股权投资及包含未实现内部交易损益的资产账面价值进行调整，抵消有关资产账面价值中包含的未实现内部交易损益，并相应调整对联营企业或合营企业的长期股权投资。

对于投资企业向联营企业或合营企业出售资产的顺流交易，在该交易存在未实现内部交易损益的情况下（即有关资产未对外部独立第三方出售），投资企业在采用权益法计算确认应享有联营企业或合营企业的投资损益时，应抵消该未实现内部交易损益的影响，同时调整对联营企业或合营企业长期股权投资的账面价值。

三、选哪一种核算方法比较划算

两种方法如何选择：在实际运用中需要视投资企业对被投资单位所具有的控制或影响能力而定。我国《企业会计制度》规定，企业对被投资单位无控制、无共同控制且无重大影响的，长期股权投资应当采用成本法核算；企业对被投资单位具有控制、共同控制或重大影响的，长期股权投资应当采用权益法核算。

成本法与权益法的差异在于，成本法是将投资企业与被投资企业视为两个独立的法人，两个会计主体，投资企业只有在收到利润或现金股利时，或对利润或现金股利的要求权实现时，才确认为投资收益。这种方法与收付实现制相近，收益实现符合谨慎原则。而权益法是将投资企业与被投资企业视为一个经济实体，虽然从法律意义上讲它们是两个法律主体，但在损益的确认上都采用权责发生制原则。所以，在被投资单位产生损益时，投资企业应相应确认应享有或应分担的份额，作为投资损益。

成本法在投资收益已实现但未分回投资之前，投资企业的投资收益账户并不反映其已实现的投资收益；而权益法无论投资收益是否分回，均在投资企业的"投资收益"账户上反映。这样，采用成本法的企业，就可以将应由被投资企业支付的投资收益长期滞留在被投资企业账上作为资本积累（被投资企业不能做利润分配），以长期规避部分投资收益应补缴的企业所得税。即使采用成本法核算长期股权投资的企业无心节税，投资收益实际收回后也会出现延迟缴纳税款的现象。因为一般来说，股利发放均滞后于投资收益的实现，企业于实际收到股利的当期才缴纳企业所得税。所以，无论是规避还是滞纳，均能为股权投资企业带来一定的好处。

当然，由于会计制度规定了选择成本法和权益法的条件限制，企业要选择成本法，就必须在进行股权投资时就进行筹划，控制投资比例。例如，很多企业为了实现合理节税，分散投资风险的目的，宁可向几个行业多个企业投资，也要把股权投资比例控制在被投资企业资本总额的20%以下。

第四节 股权投资分析方法：P/E法、P/B法、P/S法、PEG法、DCF法

中国资产评估协会要求：在对企业价值进行评估时，应分析收益法、市

场法和资产基础法三种资产评估基本方法的适用性，在适宜的情况下采取适当的评估方法。目前流行的企业价值评估方法有很多，包括资产价值基础法、相对比较乘数法、贴现现金流量法、经济附加值法等，本书重点介绍 P/E 法、P/B 法、P/S 法、PEG 法和 DCF 法。

一、P/E 法

P/E 是市盈率法的数学表达。市盈率所反映的是公司按有关折现率计算的盈利能力的现值。在国内的风险投资市场，P/E 法是比较常见的估值方法。

P/E 法的评估方式分为三步走：第一步，选取"可比公司"。可比公司应该与标的公司越相近或相似越好，无论多么精益求精基本上都不过分。在实践中，一般应选取在行业、主营业务或主导产品、资本结构、企业规模、市场环境以及风险度等方面相同或相近的公司。第二步，确定比较基准，即比什么。通常是样本公司的基本财务指标。常用的有每股收益（市盈率倍数法）、每股净资产（净资产倍数法）、每股销售收入（每股销售收入倍数法，或称市收率倍数法）等。第三步，根据可比公司样本得出的基数。

P/E 法的公式：企业价值 =（P/E）目标企业的可保持收益。

企业的可保持收益是指目标公司并购（交易）以后继续经营所取得的净收益，它一般是以目标公司留存的资产为基础来计算取得的。每股税后利润的计算通常有两种方法：一是完全摊薄法，即用发行当年预测全部税后利润除以发行后总股本数，直接得出每股税后利润；二是加权平均法，其计算公式是，每股（年）税后利润 = 发行当年预测全部税后利润 ÷ 发行当年加权平均总股本数 = 发行当年预测全部税后利润 ÷ [发行前总股本数 + 本次发行股本数 ×（12-发行月数）÷12]。

P/E 法的特点在于，首先，它将股价与当期收益联系起来，是一种比较直观、易懂的统计量；其次，对于大多数股票而言，计算简单易行，数据查找方便，同时便于股票之间的互相比较；最后，它能反映股份公司的许多特点，如风险和增长潜力等。

二、P/B 法

P/B 是市净率法的数学表达。市净率是指每股股价与每股净资产的比率。市净率可用于投资分析，一般来说市净率较低的股票，投资价值较高，相反，则投资价值较低；但在判断投资价值时还要考虑当时的市场环境以及公司经营情况、盈利能力等因素。

P/B 法的计算公式是：市净率 =（P÷BV）。

即每股市价（P）÷每股净资产（Book Value）。

相比市盈率，P/B 法的特点在于它更依赖于公司所属行业的性质，市净率特别在评估高风险企业、企业资产大量为实物资产的企业时受到重视。

三、P/S 法

P/S 是市销率法的数学表达。市销率通俗点讲就是上市公司市值与销售收入的比值。市销率越低，说明该公司股票目前的投资价值越大。

P/S 法的计算公式：P/S = 总市值÷主营业务收入；或者 PS = 股价÷每股销售额。

P/S 法的计算不会出现负值，对于亏损企业和资不抵债的企业，也可以计算出一个有意义的价值乘数；它比较稳定、可靠，不容易被操纵；收入乘数对价格政策和企业战略变化敏感，可以反映这种变化的后果；不能反映成本的变化，而成本是影响企业现金流量和价值的重要因素之一；只能用于同行业对比，不同行业的市销率对比没有意义；目前上市公司关联销售较多，该指标也不能剔除关联销售的影响。

四、PEG 法

PEG 是修正市盈率法的数学表达。在同行业中根据净资产、偿债能力、盈利能力、成长能力等影响市盈率的指标，采用德尔菲法选取若干家上市公司作为参照公司，根据上市参照公司净资产、盈利能力、非流通股比例等因素计算出上市公司的合理市盈率。同时，考虑宏观经济、行业景气度，修正计算出拟上市公司的市盈率，为拟上市公司进行公司估值。

PEG 法的计算公式：PEG＝年末收盘价−每股净资产÷每股税后利润−一年期储利率×年末收盘价；或者 PEG＝实际市盈率÷（预期增长率×100）。

PEG 法的特点是：利用一定计算方法得出上市参照公司非流通股的市价、市盈率，然后应用德尔菲法，将所有的上市参照公司按照一定的权重，计算出一个整体的、调整后的市盈率，即计算出拟上市公司的相近的、初步的市盈率值。同时结合宏观经济、行业景气，更为谨慎地对于拟上市公司进行估值，从而做到比较客观、全面、合理的市盈率估值。修正市盈率的优势在于，尽量避免太多的人为因素对于拟上市公司估值的影响。寻找到足够多的上市参照公司，将每家上市参照公司的流通股、非流通股的市价、市盈率计算出来，并得出上市参照公司合理的市盈率。然后利用德尔菲法将每家上市参照公司分以不同的权重，从而体现出拟上市在整个上市公司参照公司中的竞争位置。考虑投资周期的 3~5 年内，宏观因素对于拟上市估值的影响，向下或者向上调整对于拟上市公司的市盈率估值。

五、DCF 法

DCF 是贴现现金流量法的数学表达。贴现现金流量法，是在企业持续经营的前提下，通过对企业合理的预期获利能力的预测和适当的折现率的选择，计算出企业的现值。该方法将企业内部的各不相同的单项资产作为统一的、不可分割的要素整体进行评估，它不是各单项资产的简单加总，而是企业正常经营条件下的资本化价格，整体反映企业资产的未来获利能力，揭示企业内在的价值。所以，以贴现现金流量法作为企业价值评估的基本方法是最合适的。

贴现现金流量认为企业的价值是各投资者（广义的投资者为对企业做出了各种专用性投资的利益相关者）利益要求权的价值，该价值不是过去的，也不是现在的，而是未来可以提供给投资者的确实的现金流量。计算公式为：

$$V = \sum_{t=1}^{\infty} \frac{CF_t}{(1+k)^t}。$$

其中，CF_t 表示企业第 t 年的现金流量，k 表示折现率，t 是预测期间。在 DCF 模型的基础之上，通过对 CF_t、t、k 三个参数的不同选取，衍生出许多不同的企业价值评估模型，包括股利折现模型、自由现金流贴现模型、EBO 模型等。

企业自由现金流量作为投资回报的衡量指标，包括了企业存续期间能够获得的所有自由现金。它以持续经营为前提，重点考虑公司未来的营运变化，评估结果具有一定可行性及准确性；但企业未来经营处于变化之中，整个宏观环境和行业发展都可能发生变化，由于模型参数的预测存在不确定性以及潜在机会未能充分考虑，也会降低自由现金流量估计的可靠性。

第五节　股权投资的减值准备：会计处理与减值准备的处理

股权投资减值准备是针对长期股权投资账面价值而言的，在期末时按账面价值与可收回金额熟低的原则来计量，对可收回金额低于账面价值的差额计提长期股权投资减值准备。而可收回金额是依据核算日前后的相关信息确定的。相对而言，长期股权投资减值这种估算是事后的，客观一些，不同时间计提的减值准备金额具有不确定性。

一、长期股权投资减值准备的会计处理

第一，本科目核算企业长期股权投资的减值准备。

第二，本科目可按被投资单位进行明细核算。

第三，资产负债表日，长期股权投资发生减值的，按应减记的金额，借

记"资产减值损失"科目，贷记本科目。

处置长期股权投资时，应同时结转已计提的长期股权投资减值准备。

第四，本科目期末贷方余额，反映企业已计提但尚未转销的长期股权投资减值准备。

二、长期股权投资减值准备的计提

第一，期末，企业的长期投资的预计可收回金额低于其账面价值的差额，借记"投资收益——计提的长期投资减值准备"账户，贷记"长期投资减值准备"账户。

第二，如果已计提减值准备的长期投资的价值又得以恢复，应在已计提的减值准备的范围内转回，借记"长期投资减值准备"账户，贷记"投资收益——计提的长期投资减值准备"账户。

三、合并报表中长期股权投资减值准备的处理

我国《企业会计准则——投资》规定，当长期投资未来可收回金额低于账面价值时，应计提长期投资减值准备。

长期股权投资按权益法进行核算时，由于账面余额是按照被投资企业净资产价值中所拥有的份额来进行调整的，因此当被投资企业净资产可收回价值低于账面价值时，投资单位也应提取减值准备。如果被投资单位是受投资单位控制的，则在合并会计报表时产生了减值准备应如何处理的问题。

由于现行会计制度对此尚未规定，实务中处理也不一样。有的将其作为合并价差；有的比照内部应收账款坏账准备的处理，按原分录抵消。

长期投资减值准备与坏账准备同是资产减值准备，但范围不同。对坏账准备来说，是对局部资产计提的，对应的是母子公司之间某一项债权债务。当母子公司报表合并后，债务方的资产已经合二为一，应收账款等于收回，坏账因素自然消除，除非债务方的总资产小于该项内部债务，而这种情况一般很少发生，因此坏账准备应予全额抵消。但长期股权投资对应的是被投资

方的整体净资产，其可收回金额的减值隐含在总资产中。既然被投资单位的总资产减值已成事实，因此合并报表也应反映这个事实。如果在抵消长期股权投资的同时也比照抵消内部应收账款的同时抵消坏账准备的方法，将长期投资减值准备抵消（即借记"长期投资减值准备"，贷记"投资收益"），就会将原来已经反映较为真实的资产又重新虚列，同时高估了收益。

从理论上来讲，长期投资减值准备实际上是合并总资产的减项，不能抵消。但由于它是按照单个项目计提的，长期股权投资既已抵消，长期投资减值准备还留在报表项目中，于理不合。实际上当子公司的资产一经并入，此时的减值准备的意义已经发生了变化，体现的是子公司资产的减值，因此减值准备或是应下推到子公司各项资产中去，或是在合并报表中单列项目反映。

由于下推比较困难，也无法一一对应，国家会计制度没有规定，单列项目也不实际。在目前情况下，建议将其转入"合并价差"项目。由于是贷差，同样达到夯实资产的目的。这样，既解决了长期投资减值准备出现"皮之不存、毛将焉附"的尴尬，也真实反映了合并资产的价值，使母公司原来运用的谨慎原则在合并报表中继续得到体现。

第六节　私募股权投资的主要组织形式：
有限合伙制、信托制、公司制

私募股权投资，从投资方式角度看，是指通过私募形式对私有企业，即非上市企业进行的权益性投资，在交易实施过程中附带考虑了将来的退出机制，即通过上市、并购或管理层回购等方式，出售持股获利。私募股权投资的好处是比公募更灵活，实现企业的资本增值，为企业上市打下了坚实的基础。

私募股权投资主要组织形式包括有限合伙制、信托制和公司式。

一、有限合伙制

有限合伙制是指资产管理机构（或团队）设立投资顾问有限公司，从事直接投资的资产管理业务。其中，投资顾问公司以普通合伙人身份发起设立有限合伙企业（基金），承担无限责任，基金的其他普通投资人担任有限合伙人，承担有限责任。2005 年 11 月 15 日发布的《创业投资企业管理暂行办法》及 2007 年 6 月 1 日生效的《中华人民共和国合伙企业法》是成立有限合伙企业的法律法规基础。

有限合伙企业的具有以下运作特点：

（1）避免双重纳税。合伙企业作为非纳税主体，其生产经营所得和其他所得按照国家有关税收规定由普通合伙人和有限合伙人分别缴纳所得税。

（2）资金使用效率高。投资人的出资实行"承诺出资"，注册时无须验资，有投资需要时普通合伙人根据《有限合伙协议》约定的比例通知所有合伙人分批注资。没有好的投资项目时，认缴的资本可以暂时不到位，而在有了好的投资项目时，可集中投入资金，从而避免资金积压，提高使用效益。但在银行融资方面，有限合伙企业存有壁垒。

（3）公司治理方面，有限合伙企业充分授权普通合伙人管理运作基金，运作简洁高效。在私募股权投资领域，出资额与决策质量并非有正比关系，有限合伙制尊重了普通合伙人的知识和智慧，普通合伙人有最高决策权，运作高效简洁。

（4）激励机制体现普通合伙人的管理价值，分配制度有利于提升管理人的积极性。普通合伙人执行合伙事务，报酬及报酬方式在《有限合伙协议》中加以明确。执行合伙事务在收取一定管理费后，在将有限合伙人的资本全部收回之后，还会提取一定比例的超额收益提成，一般为 20%。激励机制有利于提升管理人的积极性。

（5）约束机制加强风险管理。有限合伙制中有限合伙人承担有限责任但不参与管理，不得对外代表有限合伙企业，普通合伙人承担无限责任但有最高决策权，既尊重了普通合伙人的知识与智慧，又保护了有限合伙人的权利，同时也显示了风险与责任对等原则。

有限合伙企业一般在国内期限为 5~7 年，存续时间较短，有限合伙人不满意普通合伙人管理时，可在终止后选择其他普通合伙人。为了控制道德风险，有些企业在《有限合伙协议》中作了有关同业竞争的相关规定：有限合伙人可以与有限合伙企业进行交易，可以自营或同他人合作经营与本有限合伙企业相竞争的业务，但对普通合伙人则做了相应限制，例如，南海成长的有限合伙人可以自己做创投，但作为南海成长的普通合伙人则不能从事与基金竞争性的业务，基金投资完成 80% 以后，普通合伙人才可以投资。有限合伙企业的约束机制，有效约束普通合伙人的投资行为必须做到尽职尽责。

中国第一家有限合伙制企业是深圳市南海成长创业投资合伙企业（有限合伙）[以下简称"南海成长（一期）"]，成立于 2007 年 6 月 1 日。南海成长（一期）期限 5 年，普通合伙人有自然人 2 名和法人 1 名，全面管理运作基金，2 名自然人承担无限连带责任，1 名法人作为投资顾问收付所有费用并承担无限连带责任。南海成长（一期）有 45 名有限合伙人，其中，法人 2 名，自然人 43 名，有限合伙人不参与企业管理和投资决策。南海成长（一期）规定有限合伙人转让其在合伙企业中的财产份额时，应经普通合伙人同意后提前 30 天通知其他合伙人。

南海成长（一期）由郑伟鹤任执行事务合伙人，深圳市同创伟业创业投资有限公司任主投资顾问，深圳国际高新技术产权交易所任联席投资顾问，信达律师事务所任法律顾问，托管机构为中国工商银行股份有限公司深圳市分行。普通合伙人向有限合伙人收取 2.5% 的管理费，管理费的收取以实收资本为基数。普通合伙人在投资人本金回收后提取 20% 的业绩提成。南海成长（一期）设立投资管理委员会，负责项目投资决策，投委会由普通合伙人及主投资顾问派员组成。南海成长（一期）资金分两批按 50%、50% 的比例到位，首期资金 1.25 亿元于 2007 年 7 月 15 日到位，二期资金 1.25 亿元于 2007 年 9 月 15 日到位。合伙人如未在规定时间内注资，则前 30 天支付利息

（银行同期存款利息+2%），30 天后，首批投资部分或前两期将以 8 折转让给其他合伙人。

2007 年底南海成长（一期）已完成 90% 投资规模，共 12 个项目，每个项目平均 2000 万元投资规模，分布在新能源、新农业、消费连锁、先进制造业、医药等 5 个行业、8 个省市。

二、信托制

信托制是由信托公司集合多个信托投资客户的资金而形成的基金（信托计划），直接或者委托其他机构进行私募股权投资。私募股权投资信托的常见操作模式有以下三种：

1. 信托计划直接参与股权投资

私募股权投资信托计划无须设立专门的实体，经过选项以及文件的准备，一旦推介发行成功，信托计划即可成立。以 2007 年 4 月国内中信信托成立的"锦绣一号股权投资基金信托计划"为例，其被称为中国第一个私募股权投资信托计划，信托期限为五年，优先受益权满两年后，每年有一次委托转让的机会，但是转让折价费较高（截止日累计净收益的 30% 为委托转让折价，不足本金的 5% 按本金的 5% 收取），这样的设计有利于信托计划的平稳运营，也是鼓励投资者长期持有从而获得成长性收益。

2. 信托计划+有限合伙模式

这是信托参与私募股权投资最主要的形式。信托型私募股权投资的组织法律形式为契约性质，合伙型私募股权投资为非法人组织，信托+有限合伙混合型融合了两种法律结构，即先由信托公司募集客户资金成立信托私募股权投资，信托私募股权投资再作为有限合伙人与投资公司（投资顾问）成立有限合伙企业。从而将信托资金转为有限合伙企业的资本金，由有限合伙企业开展相关的投资活动。投资顾问或信托公司本身作为有限合伙企业的管理人，参与投资并获取管理费及业绩提成。与信托计划直接参与股权投资的模式比较，这种模式有可能在一定程度上突破《信托公司私人股权投资信托业务操作指引》对信托制私募股权投资的诸多限制性要求。

3. 信托仅征募资金+有限合伙模式

信托公司在发展资本市场业务中，最大的优势之一就是其强大的募资能力。其模式由信托公司向客户征募投资人，投资人不通过信托公司，直接作为 LP 将资金直接注入信托公司主导的有限合伙企业。一方面，合格投资者直接作为合伙企业有限合伙人，规避了信托持股成为 IPO 障碍的可能性；另一方面，通过两家合伙企业共同募资，有效解决了合伙企业不超过 50 个的投资人数限制。在这样的模式下，信托公司募集的资金不是直接投入到信托计划中，这就需要严格对委托人做好解释工作、面签合同、现场进行风险揭示并做影像记录等，需要全体委托人充分理解、认可投资顾问的决策能力，完全接受投资顾问提供的投资指令可能产生的全部风险。

2012 年 5 月厦门国际信托推出了"众一股份股权投资计划"，厦门信托接受厦门佳瑞德投资有限合伙企业和厦门御汇鑫投资有限合伙企业委托作为投资顾问，并发布营销信息为其募集有限合伙人，两家合伙企业共同将募集资金 2.4 亿元用于受让云南天素投资有限公司持有的曲靖众一精细化工股份有限公司 2400 万股股份。

私募股权投资信托操作模式除了以上三种之外，还有固有资产参与、通过子公司参与、通过投资顾问方式参与等模式。

三、公司式

公司式是指资产管理机构（或团队）直接或间接参与设立主营业务为投资的有限责任公司或股份有限公司，或资产管理机构不作为股东参与，仅直接或以子公司方式承接管理委托。

公司式私募基金有完整的公司架构，运作比较正式和规范。如今公司式私募基金（如"某某投资公司"）在中国能够比较方便地成立。半开放式私募基金也能够以某种变通的方式，比较方便地进行运作，不必接受严格的审批和监管，投资策略也就可以更加灵活。

例如，设立某"投资公司"，其业务范围包括有价证券投资；"投资公司"的股东数目不要多，出资额都要比较大，既保证私募性质，又要有较大的资金规模；"投资公司"的资金交由资金管理人管理，按国际惯例，管理人收取资金管理费与效益激励费，并打入运营成本；"投资公司"的注册资本每年在某个特定的时点重新登记一次，进行名义上的增资扩股或减资缩股，如有需要，出资人每年可在某一特定的时点将其出资赎回一次，在其他时间投资者之间可以进行股权协议转让或上柜交易。该"投资公司"实质上就是一种随时扩募，但每年只赎回一次的公司式私募基金。

不过，公司式私募基金有一个缺点，即存在双重征税。克服缺点的方法有：一是将私募基金注册于避税的"天堂"，如开曼、百慕大等地；二是将公司式私募基金注册为高科技企业（可享受诸多优惠），并注册于税收比较优惠的地方；三是借壳，即在基金的设立运作中联合或收购一家可以享受税收优惠的企业（最好是非上市公司），并把它作为载体。

第七节　私募股权投资运作流程：选择项目、法律调查、方案设计、项目退出、监管

私募股权投资经理或管理人为企业带来资本投资的同时，还提供管理技术、企业发展战略以及其他的增值服务，是一项带着战略投资初衷的长期投资，当然其运作流程也会是一个长期持久的过程。其投资运作基本都是按照一系列的步骤完成的，从选择项目开始，然后经历法律调查、方案设计等环节，直到投资退出获得收益。当然，不同私募股权投资的特点不同，在工作流程上会稍有差异，但股权投资实务操作过程基本大同小异。

一、选择项目阶段

私募股权投资成功的重要基础是如何获得好的项目，因此需要对项目进

行选择和可行性核查。由于私募股权投资期限长、流动性低，投资者为了控制风险通常对投资对象提出以下要求：

第一，优质的管理，对不参与企业管理的金融投资者来说尤其重要。

第二，至少有 2 年的经营记录、有巨大的潜在市场和潜在的成长性、并有令人信服的发展战略计划。投资者关心盈利的"增长"。高增长才有高回报，因此对企业的发展计划特别关心。

第三，行业和企业规模（如销售额）的要求。投资者对行业和规模的侧重各有不同，金融投资者会从投资组合分散风险的角度来考察一项投资对其投资组合的意义。多数私募股权投资者不会投资房地产等高风险的行业和他们不了解的行业。

第四，估值和预期投资回报的要求。由于不像在公开市场那么容易退出，私募股权投资者对预期投资回报的要求比较高，至少高于投资于其同行业上市公司的回报率，而且期望对中国等新兴市场的投资有"中国风险溢价"。要求 25%～30%的投资回报率是很常见的。

通过这些工作，投资者会对项目的增长点等主要关注点有一个更深入的认识。

二、法律调查阶段

通过初步评估之后，投资经理会提交《立项建议书》，项目流程也进入了法律调查阶段。在这一阶段，要了解企业是否涉及纠纷或诉讼、土地和房产的产权是否完整、商标专利权的期限等问题。很多引资企业是新兴企业，经常存在一些法律问题，双方在项目考察过程中会逐步清理并解决这些问题。

三、方案设计阶段

投资方案设计包括估值定价、董事会席位、否决权和其他公司治理问题、退出策略、确定合同条款清单并提交投资委员会审批等步骤。由于投资方和引资方的出发点和利益不同、税收考虑不同，双方经常在估值和合同条款清单的谈判中产生分歧，解决这些分歧的技术要求高，所以不仅需要谈判技巧，还需要会计师和律师的协助。

四、项目退出阶段

退出策略是投资者在开始筛选企业时就十分注意的因素，包括上市、出让、股票回购、卖出期权等方式，其中上市是投资回报最高的退出方式，上市的收益来源是企业的盈利和资本利得。由于国内股票市场规模较小、上市周期长、难度大，很多外资基金会在海外注册一家公司来控股合资公司，以便将来以海外注册的公司作为主体在海外上市。

五、监管阶段

投资者一般不会一次性注入所有投资，而是采取分期投资方式，每次投资以企业达到事先设定的目标为前提，这就构成了对企业的一种协议方式的监管。这是降低风险的必要手段，但也增加了投资者的成本。在此过程中不同投资者选择不同的监管方式，包括采取报告制度、监控制度、参与重大决策和进行战略指导等，另外，投资者还会利用其网络和渠道帮助企业进入新市场、寻找战略伙伴以发挥协同效应和降低成本等方式来提高收益。

从寻找项目开始到退出项目结束，是完成私募股权投资的一个项目的全过程。在现实生活中，投资机构可能同时运作几个项目，但基本上每个项目要经过以上几个流程。

[案例] 百度上市，普通员工都是百万富翁

全球最大中文搜索引擎公司百度于北京时间 2005 年 8 月 5 日晚在美国纳斯达克上市（股票代码：BIDU），融资 1.09 亿美元，刷新了当时中国互联网企业海外 IPO 融资的纪录。发行价 27 美元，开盘价 66 美元，8 月 6 日冲破

150 美元，达到了 150.05 美元。全面超越盛大新浪，成中国互联网最高市场价。百度上市，全公司至少有 300 名员工将成为拥有 121 万元人民币的百万富翁，其原因当然是百度的股权设计。

此前的百度招股说明书显示，百度的普通员工所持股权为 5.5%。这并不包括公司高管的股权，同时不包括前期已经行权的员工持股。当时百度拥有 750 名的员工，在 2004 年底公司只有 300 人左右，公司内部某高层私下给记者算了一笔账，以百度上市后 8 亿美元的市值，大约是 66 亿元人民币，乘以 5.5%，除以 300 人，那么，全公司至少有 300 位员工因为股票期权而成为百万富翁，人均拥有大约 121 万元人民币的股权。

当时百度副总裁梁冬表示：“我自己也不清楚百度的员工有多少会变成百万富翁，因为股票的价格还没有定下来。”“即使股票价格定下来，如果员工想变现，我们还要依法纳税，税后落到每个人的口袋里是多少，现在无法预测。”

百度的股东当中有一些不是员工，但他们以各种各样的方式帮助过百度，当时获得的股票期权后来都转成了正式股份。硅谷的一位工程师，在 2000 年的时候帮助百度写了一些程序，李彦宏没有给他一分钱，给的是股票期权，现在这位工程师恐怕已经身价百万美元。

百度成功上市纳斯达克引起轰动，一时间引发各界猜测，与谷歌的盈利模式比较类似的百度将成为纳斯达克最为强劲的中国网络股。

第五章

股权融资：用社会财富发展自有事业

股权融资是指企业的股东愿意让出部分企业所有权，通过企业增资的方式引进新股东的融资方式，总股本同时增加。民营企业运用这种筹集社会财富、用来发展自己事业的融资方式，前提是必须熟知私募股权投资模式，了解首次公开发行股票的审核流程，把握银行承兑、直存款、质押贷款、委托贷款、贷款担保等融资渠道，同时对股权融资的优势与风险控制缺陷要有清醒的认识。

第一节 私募发行：当下民营企业的主要融资方式

私募发行又称不公开发行或内部发行，是指面向少数特定的投资人发行证券的方式。私募发行的对象大致有两类：一类是个人投资者，例如，公司老股东或发行人机构自己的员工（俗称"内部职工股"）；另一类是机构投资者，例如，大的金融机构或与发行人有密切往来关系的企业等。私募发行有确定的投资人，发行手续简单，可以节省发行时间和费用。

私募发行是民营企业融资的一种创新。中小民营企业由于规模小、评级低，难以通过公开募集的方式在债券市场获得融资，而私募发行方式的投资人是市场上特定的投资机构，发行人可自主灵活地根据自身融资需求，就资金用途、期限、担保、评级等要素与定向投资者协商确定个性化的融资方案。在现实中，私募股权投资亮点不断，投资领域和投资方式纷繁复杂，颇具特色。不少公司拿到私募股权基金投资，获得发展资金，越过资金瓶颈，私募股权投资案例多多。

2013 年 9 月，美中宜和医疗集团宣布，国际股权投资机构华平投资集团已完成对美中宜和的投资，具体投资金额及条款未披露。美中宜和成立于2004 年，是一家专门针对高端人群提供妇产科和儿科治疗服务的医疗连锁集团，美中宜和已在北京丽都、亚运村和天津运营三家妇儿专科医院，2015 年5 月，美中宜和迎来了建院后第一万个宝宝的诞生，成为国内首家分娩量过万的高端妇儿医疗集团。近年来，随着民众健康意识和消费水平的不断提高，国内医疗保健市场需求急速膨胀，中央政府在民营医院逐步采取更加开放的态度，国内民营医院投资潮涌现，医疗连锁机构获得快速成长机遇，其中眼科、牙科、妇产科等细分市场成为投资机构重点关注对象，接下来有望诞生新一批民营医疗领域领军企业。

一、民营企业发展私募股权融资的必要性

现阶段的民营企业的融资要立足于私募股权投资。因为私募股权投资不仅是引进企业发展所需要的资金，更重要的是进一步筹资而获得更好的治理市场发展，从而打好坚实的基础。具体体现在以下五点：

第一，在私募股权投资中，企业的股权不是由分散的股东所拥有，而是由少数有投资专长和监管经验的机构投资者拥有，这就克服了股票市场股东分散、所有者所有权对经营权约束弱化的问题而产生一股独大，内部人控制的现象。

第二，私募股权机制下企业的董事会是由名义上为非执行董事的私募股权投资人领导，并为企业提供管理上的支持，推动企业的发展。私募股权投资人虽然名义上是外部董事或非执行董事，却相当活跃主动，形成一个积极的内部投资者的独特模式，与一般的投资者不同。

第三，与一般的非执行董事相比，私募投资人在企业中有直接的重大的经济利益，企业的盈亏关系到资金供应者的收益，也关系到私募股权投资人的收益，使私募股权投资人有充分的压力和动机了解企业的真实状况，提供管理支持。

第四，私募股权投资人注重和企业建立合作关系，对企业的发展过程有足够的了解，有效地消除了信息不对称和代理风险。能与企业的管理层达成统一目标，与企业建立互动性、建设性的关系，并且有足够的经验和信息来帮助企业的发展，被管理层充分信任和接受，共同为企业创造价值，包括继续为企业机构融资，解决债务危机。

第五，私募股权投资人代表出资方长期持有企业的股权，不可能在股市上随时套现，没有"用脚投票"的退出机制，因此，一旦企业出现问题，只能尽最大的努力帮助解决，即使在企业上市以后，私募投资人仍继续进行监控和管理支持，以维持股价的稳定，帮助企业更有利地融资，更快地发展。

二、私募股权投资模式的选择

私募股权投资模式主要有以下三种方式：

第一，增资扩股投资方式。增资扩股就是公司新发行一部分股份，将这部分新发行的股份出售给新股东或者原股东，这样的结果将导致公司股份总数的增加。

第二，股权转让投资方式。股权转让是指公司股东将自己的股份让渡给他人，使他人成为公司股东的民事行为。

第三，其他投资方式。除了上述两种投资模式之外，还可以两者并用，与债券投资并用，以实物和现金出资设立目标企业的模式。

第二节　公开发行：民营企业
梦寐以求的融资方式

公开发行又称公募，是指发行人通过中介机构向不特定的社会公众广泛地发售证券。是指向不特定对象发行证券，或者向累计超过 200 人的特定对象发行证券，或者法律、行政法规规定的其他发行行为。其载体包括股票、债券、基金等多种形式。公开发行的股票不一定要求上市，但上市必须要求公开发行股票。公开发行是民营企业梦寐以求的融资方式，在公募发行情况下，所有合法的社会投资者都可以参加认购。

2014 年 9 月 22 日，阿里巴巴及其股东成功完成首次公开募股（IPO），总规模达到 250 亿美元，成为史上最大 IPO。巨大的市场需求促使阿里巴巴首次公开募股筹集了 218 亿美元，也使得其股价飙升了 38%，这意味着阿里巴巴首次公开募股已经超越了 2010 年中国农业银行创造的 221 亿美元的全球纪录。全球投资者对阿里巴巴股票认购十分踊跃，促使承销商行使超额配售权，追加售出约 4800 万股。

一、首次公开发行股票的审核流程

按照依法行政、公开透明、集体决策、分工制衡的要求，首次公开发行股票（以下简称"首发"）的审核工作流程分为受理、见面会、问核、反馈会、预先披露、初审会、发审会、封卷、会后事项、核准发行等主要环节，分别由不同处室负责，相互配合、相互制约。对每一个发行人的审核决定均通过会议以集体讨论的方式提出意见，避免个人决断。具体审核环节，如表 5-1 所示。

表 5-1　首次公开发行股票的审核流程

流程	实操内容
材料受理、分发	中国证监会受理部门工作人员根据《中国证券监督管理委员会行政许可实施程序规定》（证监会令第 66 号）和《首次公开发行股票并上市管理办法》（证监会令第 32 号）等规则的要求，依法受理首发申请文件，并按程序转发行监管部。发行监管部综合处收到申请文件后将其分发审核一处、审核二处，同时送国家发改委征求意见。审核一处、审核二处根据发行人的行业、公务回避的有关要求以及审核人员的工作量等确定审核人员
见面会	见面会旨在建立发行人与发行监管部门的初步沟通机制。会上由发行人简要介绍企业基本情况，发行监管部门负责人介绍发行审核的程序、标准、理念及纪律要求等。见面会按照申请文件受理顺序安排，一般安排在星期一，由综合处通知相关发行人及其保荐机构。见面会参会人员包括发行人代表、发行监管部门负责人、综合处、审核一处和审核二处负责人等
审核	审核机制旨在督促、提醒保荐机构及其保荐代表人做好尽职调查工作，安排在反馈会前后进行，参加人员包括审核项目的审核一处和审核二处的审核人员、两名签字保荐代表人和保荐机构的相关负责人
反馈会	审核一处、审核二处审核人员审阅发行人申请文件后，从非财务和财务两个角度撰写审核报告，提交反馈会讨论。反馈会主要讨论初步审核中关注的主要问题，确定需要发行人补充披露、解释说明以及中介机构进一步核查落实的问题。反馈会按照申请文件受理顺序安排，一般安排在星期三，由综合处组织并负责记录，参会人员有审核一处、审核二处审核人员和处室负责人等。反馈会后将形成书面意见，履行内部程序后反馈给保荐机构。反馈意见发出前不安排发行人及其中介机构与审核人员沟通（问核程序除外）。保荐机构收到反馈意见后，组织发行人及相关中介机构按照要求落实并进行回复。综合处收到反馈意见回复材料进行登记后转审核一处、审核二处。审核人员按要求对申请文件以及回复材料进行审核。发行人及其中介机构收到反馈意见后，在准备回复材料过程中如有疑问可与审核人员进行沟通，如有必要也可与处室负责人、部门负责人进行沟通。在审核过程中如发生或发现应予披露的事项，发行人及其中介机构应及时报告发行监管部并补充、修改相关材料。初审工作结束后，将形成初审报告（初稿）提交初审会讨论
预先披露	反馈意见落实完毕、国家发改委意见等相关政府部门意见齐备、财务资料未过有效期的将安排预先披露。具备条件的项目由综合处通知保荐机构报送发审会材料与预先披露的招股说明书（申报稿）。发行监管部收到相关材料后安排预先披露，并按受理顺序安排初审会

流程	实操内容
初审会	初审会由审核人员汇报发行人的基本情况、初步审核中发现的主要问题及其落实情况。初审会由综合处组织并负责记录,发行监管部门负责人、审核一处和审核二处负责人、审核人员、综合处以及发审委委员(按小组)参加。初审会一般安排在星期二和星期四。根据初审会讨论情况,审核人员修改、完善初审报告。初审报告是发行监管部初审工作的总结,履行内部程序后转发审会审核。初审会讨论决定提交发审会审核的,发行监管部在初审会结束后出具初审报告,并书面告知保荐机构需要进一步说明的事项以及做好上发审会的准备工作。初审会讨论后认为发行人尚有需要进一步落实的重大问题、暂不提交发审会审核的,将再次发出书面反馈意见
发审会	发审委制度是发行审核中的专家决策机制。发审委委员共25人,分三个组,发审委处按工作量安排各组发审委委员参加初审会和发审会,并建立了相应的回避制度、承诺制度。发审委通过召开发审会进行审核工作。发审会以投票方式对首发申请进行表决,提出审核意见。每次会议由七名委员参会,独立进行表决,同意票数达到5票为通过。发审委委员投票表决采用记名投票方式,会前有工作底稿,会上有录音。发审会由发审委工作处组织,按时间顺序安排,发行人代表、项目签字保荐代表人、发审委委员、审核一处和审核二处审核人员、发审委工作处人员参加。发审会召开五天前中国证监会发布会议公告,公布发审会审核的发行人名单、会议时间、参会发审委委员名单等。发审会先由委员发表审核意见,发行人聆询时间为45分钟,聆询结束后由委员投票表决。发审会认为发行人有需要进一步落实的问题,将形成书面审核意见,履行内部程序后发给保荐机构
封卷	发行人的首发申请通过发审会审核后,需要进行封卷工作,即将申请文件原件重新归类后存档备查。封卷工作在落实发审委意见后进行。如没有发审委意见需要落实,则在通过发审会审核后即进行封卷
会后事项	会后事项是指发行人首发申请通过发审会审核后,招股说明书刊登前发生的可能影响本次发行及对投资者作出投资决策有重大影响的应予披露的事项。存在会后事项的,发行人及其中介机构应按规定向综合处提交相关说明。须履行会后事项程序的,综合处接收相关材料后转审核一处、审核二处。审核人员按要求及时提出处理意见。按照会后事项相关规定需要重新提交发审会审核的需要履行内部工作程序。如申请文件没有封卷,则会后事项与封卷可同时进行
核准发行	封卷并履行内部程序后,将进行核准批文的下发工作

二、公司债的独创：大公募、小公募与非公开

2015 年 1 月 15 日，证监会推出了全新的《公司债发行与交易管理办法》（下称"新《公司债办法》"），对于债券圈特别是交易所市场的参与机构，此文影响深远且意味深长。新《公司债办法》最大的变化就是将发行主体范围从上市公司扩展到所有公司制法人，可谓是从高高的门槛降到没有门槛。以往无论是票据还是债券，均只有公募和私募两种（就连金融学教材也是这么教我们的）。然而，公司债出现了三种并行可选的发行方式：大公募、小公募、私募，这成为交易所债券市场的独创。

大公募全名是"面向公众投资者的公开发行的公司债券"，现在称之为大公募。适用于公众投资者。公众投资者意思是愿意买的人都可以买，个人也可以和打新股一样参与进来。证监会审核的发行条件是债项评级达到 AAA；最近三年年均利润对债券一年利息的覆盖超过 1.5 倍；累积发行债券余额不超过净资产的 40%。大公募最大的区分度在于个人可参与和 AAA 的级别门槛，较严格的审核也意味着在公司债序列中处于金字塔尖的细分、高流动性的债券板块。

小公募全名是"面向合格投资者的公开发行的公司债券"。在发行方式上，小公募与现在协会中票、企业债相同，结合交易所债券质押库的优势，将是交易所的主流交易债券品种。

（1）适用投资者：合格投资者。主要包括各类金融机构，300 万元以上金融资产个人等。

（2）审核方式：交易所预审，证监会简化复核。从目前的监管层推动力度来看，小公募主要的审核基本下放至交易所，审核效率有望赶超协会。

（3）发行主要条件：最近三年年均利润对债券一年利息的覆盖超过 1.5倍；累积发行债券余额不超过净资产的 40%。

小公募公司债将直接与企业债，中票直面竞争。结合交易所质押新规这一大杀器，小公募的逆袭值得期待。

非公开全名是"非公开发行的公司债券"。从新《公司债办法》来看，非公开是欢迎所有企业发行的，简而言之理解为交易所的 PPN 更加准确。粗略统计，上交所 2014 年挂牌转让的中小企业私募债 200 多只，合计规模仅 400 多亿元，而同期 PPN 在 2014 年发行量全年迈过了 1 万亿元的门槛。由此可见，交易所显然不满足于中小企业私募债这一细分市场。发行主要条件是，无财务要求，满足证券业协会负面清单。不对财务指标做要求、将非公开的债券交给市场自行判断确实是市场化的一大进步。非公开公司债背靠审批快捷性和宽松的发行条件，势必将成为一级市场的一大供给。

第三节　股权融资方式：基金组织、银行承兑、直存款、质押贷款、银行信用证、委托贷款、直通款、贷款担保

中小企业股权融资有以下八大渠道：基金组织、银行承兑、直存款、质押贷款、银行信用证、委托贷款、直通款、贷款担保。

一、基金组织

利用基金组织融资，最终的方法就是假股暗贷。所谓假股暗贷就是投资方以入股的方式对项目进行投资但实际并不参与项目的管理。到了一定的时间就从项目中撤股。这种方式多为国外基金所采用。缺点是操作周期较长，而且要改变公司的股东结构甚至要改变公司的性质。国外基金比较多，所以以这种方式投资的话，国内公司的性质就要改为中外合资。

二、银行承兑

银行承兑是由在承兑银行开立存款账户的存款人出票，向开户银行申请并经银行审查同意承兑的，保证在指定日期无条件支付确定的金额给收款人

或持票人的票据。对出票人签发的商业汇票进行承兑是银行基于对出票人资信的认可而给予的信用支持。

银行承兑汇票主要有三种应用方式：一是企业以银行承兑汇票支付货款来弥补短期资金不足，从而节省现金流支出；二是企业开出差额保证金银行承兑汇票，可放大信用，用更少的钱、更低的融资成本筹集更多资金；三是企业资金短缺时还可将收到的银行承兑票据申请贴现或者背书转让，及时补充流动资金或支付货款。

近两年银行承兑汇票使用方式出现了新的特点：大量企业运用银行承兑汇票进行融资和套利交易。主要有以下两种方式：第一，将库存银行承兑汇票贴现，取得的资金归还高息贷款。根据目前的贷款和票据贴现利率，票据融资比中期贷款成本低。目前票据贴现月息在 1.4‰ 左右，而六个月期银行贷款月利率则约为 4.05‰，利用票据融资成本远低于直接贷款成本。第二，利用利率倒挂在的套利空间获取套利收益。在这种方式下有两种方法：其一，企业先进行短期定期存款，再以存款作为保证金要求开出银行承兑汇票对外进行支付，持票者随时可以要求贴现，贴现利息由开票企业承担。2017年的半年期定期存款月息为 1.65‰，而票据的贴现月息在 1.4‰ 左右，六个月的利差为 1.5‰。由于贴现息比银行存款利息低，从而开票企业可以获取票据贴现利率和定期存款利率之间的利差。对于企业而言，即便是全额保证金承兑，也存在非常可观的套利空间；如果使用部分保证金承兑，则套利空间更大。其二，企业将短期内即将到期的应收承兑汇票质押，作为保证金开出银行承兑汇票对外支付，应收承兑汇票到期后收回的资金存入银行计算存款利息，待应付银行承兑汇票到期后用于兑付。这样可以充分利用时间差获取存款收益。

三、直存款

1. 直存款

是指银主按照项目方和项目方所在银行的要求，将自己的资金存入项目方指定银行银主自己的账户，带走存单或者大额存款证实书或者大额存款证实书的保管单，到期银主凭手中的凭据无条件提取本息；项目方据此向银行进行申贷并必须向银主支付贴息的一种金融行为。

2. 融资方式

这个是最难操作的融资方式。因为做直存款本身是违反银行的规定的，必须企业跟银行的关系特别好才行。由投资方到项目方指定银行开一个账户，将指定金额存进自己的账户。然后跟银行签订一个协议。承诺该笔钱在规定的时间内不挪用。银行根据这个金额给项目方小于等于同等金额的贷款。注意：这里的承诺不是对银行进行质押。是不同意拿这笔钱进行质押的，同意质押的是另一种融资方式叫作大额质押存款。当然，那种融资方式也有其违反银行规定的地方。就是需要银行签一个保证到期前 30 天收款平仓的承诺书。实际上他拿到这个东西之后可以拿到其他地方的银行进行再贷款的。

四、质押贷款

质押贷款是指贷款人按《担保法》规定的质押方式以借款人或第三人的动产或权利为质押物发放的贷款。可作为质押的质物包括：国库券（国家有特殊规定的除外）、国家重点建设债券、金融债券、AAA 级企业债券、储蓄存单等有价证券。出质人应将权利凭证交与贷款人。《质押合同》自权利凭证交付之日起生效。以个人储蓄存单出质的，应提供开户行的鉴定证明及停止支付证明。

四川成都邵武中竹纸业有限责任公司（以下简称中竹纸业）是一家注册资龙头企业，因发展需要，与浦发银行达成了亿元贷款意向，因无法提供可抵押的不动产，贷款陷入困境。当成都市工商部门获悉情况后，一方面，建议中竹纸业以相应的股权作质押担保，并派业务骨干指导企业完善资料、填写相关表格，用一天时间就为其办理了所有的股权质押登记手续；另一方面，积极与银行沟通协商，得到了银行的认可，并以最快速度为中竹纸业提供了1.87 亿元贷款。

股权质押贷款让企业的"死钱"变成了"活钱"。相对于其他担保方式，股权质押具有成本较低、手续简便、效率高等特点。同时，股权质押经工商部门登记后即具备物权效力，且股权在押期间因被工商部门锁定即无法进行转让，可有效降低银行风险。由于中小企业无法进入正规的资本市场进行直接融资，银行贷款就成了我国中小企业融资的重要途径之一。

五、银行信用证

1. 银行信用证

是银行（开证行）根据买方（申请人）要求及指示向卖方（受益人）开立的在一定期限内凭符合信用证条款单据即期或在一个可确定的将来日期兑付一定金额的书面承诺。这种承诺是有条件的，要求提交信用证规定的单据和单证必须相符。当买卖双方首次接触，不了解对方商业信誉，或发达国家与发展中国家商人做生意，无法承担发展中国家的商业或国家风险时，常在合同中规定使用信用证付款方式。

2. 信用证融资的方式

主要有两种：一是银行向进口商提供的贸易融资方式，包括提供信用证融资额度、担保提货、进口押汇、承兑信用额度等；二是银行向出口商提供的贸易融资方式，包括打包放款、票据贴现、出口押汇、包买票据（也称"福费廷"）、利用出口信用保险融资等。信用证融资要注重风险防范，采取一定的措施。

六、委托贷款

委托贷款，是指信托机构按委托人指定要求所发放的贷款。这种贷款的资金来源是特约信托存款，贷款的对象、数量和用途均由委托人决定，信托机构只负责办理贷款的审查发放、监督使用、到期收回和计收利息等事项，不负盈亏责任。信托机构只按契约规定收取一定的手续费。

2013 年 1 月，刘某到中国银行扬州宝塔支行开户存入 360 万元，随后将银行卡交付该行托管。宝塔支行时任行长王某在获得银行卡、密码及网银 U 盾之后，交给刘某盖有宝塔支行公章和王某签名的《银行卡保管说明书》和《保证兑付存款本息承诺书》。2014 年 1 月，刘某再次来到宝塔支行柜台要求按约定取回本息却被拒绝，他被告知说明书和承诺书上的公章是伪造的假章。刘某称自己是受害人，360 万元存款不翼而飞。王某也表示自己是受害人，称并不知情。至此，问题集中到说明书和承诺书上的公章从何而来。刘某称，有关证明文件上的公章是一年前由王某从办公室中取出，在签字后盖的。刘某提供的说明书和承诺书上有王某的签名。但王某表示，签名的确是他本人所签，但公章却并非他本人所盖。王某说，在签好字之后，扬州项目方的同行者从包里掏出公章盖在了签署好的文件上。当时王某就制止过，但对方称愿意承担该项责任。目前，假公章来自哪里，是谁盖上的，相关方各执一词，依旧是一团迷雾。

有效的管理并控制风险是银行开展委托贷款的重要目标之一，设计并执行完善的业务流程与审核、审批机制是实现这一目标的重要手段。因此，合规性问题应是银行内部管理重点关注的问题。本案例所反映的问题实质上是银行业务流程没有得到正确的执行与审核，即使银行承受了高风险，也导致当事人遭受巨大损失。

七、直通款

通常情况下，直通款又可以称为直接投资。直通款对项目的审查是十分严格的，而且所要求的固定资产要有抵押，当然也可以以银行担保的方式来进行。通常其利息也会比较高些，多以短期为主。

八、贷款担保

贷款担保是指银行在发放贷款时，要求借款人提供担保，以保障贷款债权实现的法律行为。贷款担保的方式有保证贷款、抵押贷款、质押贷款。

张先生在深圳创办喷绘公司，想购置一台喷绘机。因为无房产等可资抵押的财产，向银行贷款遇阻，他找到了深圳中安信业公司（以下简称"中安信业"）。一番咨询之后，张发现，这家贷款公司有一种名为"头家贷"的小额信用贷款业务无须抵押和担保。在提供相关证明并通过审核后，张先生从中安信业获得了 3 万元一年期贷款。张先生的经历只是中安信业众多小额信用贷款业务中的一例。

在目前国内众多民间小额贷款组织还在坚持"担保抵押才放款"的情况下，中安信业大胆突进信用贷款，令人饶有兴味。中安信业罗湖营业点的工作人员表示，中安信业主要为客户提供 3~18 个月短期贷款，其中包含信用贷款。信用贷款主要有两种：一种是专为城市工薪阶层和白领人士设计的个人工资贷款（随薪贷、名片贷），一般不超过 3 万元；另一种是面向无抵押物、银行资信低的小企业主推出的无抵押、无担保贷款（头家贷）。通常情况下，头家贷最高金额不超过 10 万元。

第四节　股权融资的优势与风险缺陷分析

股权融资是指企业的股东愿意让出部分企业所有权，通过企业增资的方式引进新的股东的融资方式。股权融资所获得的资金，企业无须还本付息，但新股东将与老股东同样分享企业的赢利与增长。股权融资的特点决定了其用途的广泛性，既可以充实企业的营运资金，也可以用于企业的投资活动。

一、股权融资的优势

股权融资在企业投资与经营方面具有以下优势：

首先，股权融资需要建立较为完善的公司法人治理结构。公司的法人治理结构一般由股东大会、董事会、监事会、高级经理组成，相互之间形成多重风险约束和权力制衡机制。降低了企业的经营风险。

其次，在现代金融理论中，证券市场又称公开市场，它指的是在比较广泛的制度化的交易场所，对标准化的金融产品进行买卖活动，是在一定的市场准入、信息披露、公平竞价交易、市场监督制度下规范进行的。与之相对应的贷款市场，又称协议市场，即在这个市场上，贷款者与借入者的融资活动通过直接协议。在金融交易中，人们更重视的是信息的公开性与可得性。所以证券市场在信息公开性和资金价格的竞争性两方面来讲优于贷款市场。

最后，如果借贷者在企业股权结构中占有较大份额，那么他运用企业借款从事高风险投资和产生道德风险的可能性就将大为减小。因为这样做，借款者自己也会蒙受巨大损失，所以借款者的资产净值越大，借款者按照贷款者的希望和意愿行事的动力就越大，银行债务拖欠和损失的可能性就越小。

二、股权融资风险控制的缺陷

当企业在利用股权融资对外筹集资金时，企业的经营管理者就可能产生各种非生产性的消费，采取有利于自己而不利于股东的投资政策等道德风险行为，导致经营者和股东的利益冲突。

首先，当融资活动被视为契约安排时，对于股权契约，由于存在委托（股东）——代理（经理人）关系，代理人的目标函数并不总是和委托人相一致，而产生代理成本。代理人利用委托人的授权为增加自己的收益而损害和侵占委托人的利益时，就会产生严重的道德风险和逆向选择。

对于解决经营者的这种道德风险，转换融资方式，企业投资所需的部分资金通过负债的方式来筹集被认为是比较有效的方法。经营管理者的道德风险主要源于管理者持股比例过低，只要提高管理者的持股比例就能有效地抑制其道德风险。因此，在管理者的持股比率不变的情况下，在企业的融资结构中，一方面，增加负债的利用额，使管理者的持股比率相对上升，就能有效地防止经营者的道德风险，缓解经营者与股东之间的利益冲突；另一方面，由于负债的利息采用固定支付的方式，负债的利用有利于削减企业的闲余现金收益流量。

其次，债务是通过提高经理的股权比例来降低股权的代理成本的。因此，对管理者几乎或根本不拥有股权的大型现代公司解释力不足。弥补了这个缺陷，经营层在企业中持股比例的理想状态为零或接近于零，这时债务可视为一种担保机制，从而降低代理成本。当企业利用负债融资时，如果企业经营不善，经营状况恶化、债权人有权对企业进行破产清算，这时，企业经营管理者将承担因企业破产而带来的企业控制权的丧失。因此债务融资可以被当作一种缓和股东和经理冲突的激励机制。

股权融资在风险控制方面存有缺陷，这就导致了股权融资必然会带有各种风险，通常情况下这种风险性表现为控制权遭到稀释、选择股权融资的同时失去其他投资机会以及公司经营方面的风险。广大投资者在选择股权融资前要对此有充分的认识，在规划投资方案时不妨搭配一份合适的理财险，进而提高资金安全。

［案例］腾讯缔造的私募股权融资神话

私募股权融资缔造了太多的企业发展神话，腾讯就是其中之一。腾讯当年1元原始股，现在变成1.44万元！

2004年6月16日，腾讯上市，造就了五位亿万富翁、七位千万富翁和几百位百万富翁。

腾讯上市前公司注册资本6500万元人民币，2004年6月腾讯在香港挂牌上市，股票上市票面价值3.7港元发行；第二年，腾讯控股开始发力飙升，当年年底，其股价便收于8.30港元附近，年涨幅达78.49%；到2009年时，腾讯控股以237%的年涨幅成功攀上了100港元大关，为香港股市所瞩目。

2012 年 2 月，该股已站在了 200 港元之上，此后新高不断。2014 年 3 月该股股价一举突破 600 港元大关，2014 年 5 月将一股拆为五股，现单股股价为 136 港元，总市值达到 1500 多亿美元，相当于当年上市前投资 1 元原始股，现在变成 1.44 万元。

第六章

股权众筹：互联时代的融资利器

股权众筹是当下新兴起的一种投融资模式。事实上，无论是对于投资人和创业者还是对于股权众筹平台来说，要想成功实施股权众筹，还有许多需要了解的知识。鉴于此，本章从股权众筹的定义及其分类入手，兼及简述国内外股权众筹发展及其平台情况，并对股权众筹的法律风险及监管进行初步分析。

第一节　股权众筹及其分类与运营模式

股权众筹是指公司出让一定比例的股份，面向普通投资者。投资者通过出资入股公司，获得未来收益。这种基于互联网渠道而进行融资的模式被称作股权众筹。互联网消除了信息不对称，于是，创业公司需要资金，无数网民需要投资渠道，创业公司把股权放到网上给网民投资，可谓两全其美。以前无法在网上进行股权众筹的时候，创业公司只能去找天使投资人，选择面相对比较窄，现在信息共享后，所有网民都有可能成为天使投资人。

一、股权众筹的分类

按照不同的标准，可对股权众筹具体做如下分类，如表6-1所示。

表6-1　股权众筹分类

类型	含义
私募股权众筹和公募股权众筹	这是按对众筹行为的性质进行划分的。前者指把众筹行为仍界定为私募行为的股权众筹，可以说我国目前股权众筹平台都是私募性质；与之相反，像美国、英国等股权众筹发展较快国家，都将众筹行为界定为公募性质，众筹平台可向公众进行募集
有担保的股权众筹和无担保的股权众筹	这是按有无担保进行划分的。前者主要是指在股权众筹业务中加入了担保元素，典型如贷帮网，其规定由推荐项目并对项目进行担保的众筹投资人或机构作为保荐人，当众筹的项目一年之内失败，保荐人赔付全额投资款，保荐人即为担保人。后者是指不含担保元素的股权众筹，我国目前绝大多数股权众筹平台都是后者
线上股权众筹和线下股权众筹	这是按股权众筹业务开展的渠道进行划分的。前者主要是指融资人、投资人以及股权众筹平台之间所有的信息展示、交易往来都是通过互联网来完成的，包括当下许多股权众筹平台绝大多数流程都通过在线完成。前者又称圈子众筹，主要是指在线下基于同学、朋友等熟人圈子开展的一些小型众筹活动
种子类平台、天使类平台和成长类平台	这是按融资项目所处阶段进行划分的。最早由中国人民银行金融研究所副所长姚余栋提出，他主张按融资项目所处的种子、天使和成长三类不同阶段，进而设置不同的股权众筹平台，最终实现股权众筹平台的"递进式"发展
综合型股权众筹平台和垂直型股权众筹平台	这是按众筹平台的经营范围进行划分的。综合型股权众筹平台，其经营范围较广，基本很少涉及具体行业的划分，目前我国发展的较大的股权众筹平台基本是综合性平台；垂直型股权股权平台，其经营范围则有了明确的行业划分，例如，投资公司三江资本发起设立的股权众筹平台"联投汇"，即国内首家专注于医疗和生物健康的股权众筹平台

股权众筹的类型虽然非常多，但其总的关键点在于，它是根据《公司

法》中关于股东股权所有权的特点去设计的一个模式。

二、股权众筹的运营模式

国内股权众筹的发展，从 2011 年最早成立的天使汇至今，其间产生了大量的众筹平台，如"大家投""好投网""原始会""人人投""我爱创"等，股权众筹也受到了越来越多的关注。当下，根据我国特定的法律、法规和政策，股权众筹的运营模式可分为凭证式众筹、会籍式众筹和天使式众筹三大类，如表 6-2 所示。

表 6-2　股权众筹运营的三大类型与代表案例

模式	含义	案例与点评
凭证式众筹	是指在互联网通过卖凭证和股权捆绑的形式来进行募资，出资人付出资金取得相关凭证，该凭证又直接与创业企业或项目的股权挂钩，但投资者不成为股东。专家指出，虽然投资人获得股权的凭证，但是却不是股东	2012 年 10 月 5 日，淘宝出现了一家店铺，名为"美微会员卡在线直营店"。淘宝店店主是美微传媒的创始人朱江，原来在多家互联网公司担任高管。消费者可通过在淘宝店拍下相应金额会员卡，但这不是简单的会员卡，购买者除了能够享有"订阅电子杂志"的权益，还可以拥有美微传媒的原始股份 100 股。2012 年 10 月 5 日～2013 年 2 月 3 日中午 12 时，美微传媒共进行了两轮募集，一共 1191 名会员参与了认购，总数为 68 万股，总金额人民币 81.6 万元。至此，美微传媒两次一共募集资金 120.37 万元 在淘宝上通过卖凭证和股权捆绑的形式来进行募资，可以说是美微创投的一个尝试，虽然说因为有非法集资的嫌疑最后被证监会叫停，但依旧不乏可以借鉴的闪光点。主要闪光点一是门槛低，二是即使几百元也可购买。但主要问题在于，目前受中国政策限制。建议在长远政策放开之前，以相对小范围的方式合规式地筹集资金。例如，股东不超过 200 人，例如，从淘宝这样的公开平台转移到相对更小的圈子。如果希望筹措到足够资金，可设立最低门槛，并提供符合最低门槛的相应服务和产品以吸引投资者。该模式比较适合大众式的文化、传媒、创意服务或产品

续表

模式	含义	案例与点评
会籍式众筹	主要是指在互联网上通过熟人介绍，出资人付出资金，直接成为被投资企业的股东。会籍式的众筹适合在同一个圈子的人共同出资做一件大家想做的事情。通过众筹方式吸引圈子中有资源和人脉的人投资，不仅是筹措资金，更重要的是锁定了一批忠实客户	2012年，3W咖啡通过微博招募原始股东，每个人10股，每股6000元，相当于一个人6万元。很多人并不是特别在意6万元钱，花点小钱成为一个咖啡馆的股东，可以结交更多人脉，进行业务交流。很快3W咖啡汇集了一大批知名投资人、创业者、企业高管等，如沈南鹏、徐小平等数百位知名人士，股东阵容堪称实力雄厚。3W咖啡引爆了中国众筹式创业咖啡在2012年的流行。过没多久，几乎每个城市都出现了众筹式的3W咖啡。3W很快以创业咖啡为契机，将品牌衍生到了创业孵化器等领域。 3W咖啡是我国股权众筹软着陆的成功典范，具有普遍的借鉴意义。通过3W众筹模式成功要素，可以探究这种模式要在中国扎根并顺利成长需要解决以下三个基本问题：①形成众筹的参与者标准；②融入强链接或强化弱链接；③建立价值保障体系。通过依托标准，建立信任，提供保障，众筹模式才算是搭建基本雏形。否则，在当前中国这个土壤，没有游戏规则玩众筹，那基本上是过眼云烟，玩一把潇洒而已
天使众筹	这是比较接近天使投资或者VC模式，投资人需要通过互联网的一些平台去寻找投资企业或者众筹的项目，投资资金，成为公司股东，同时出资人往往伴有明确的财务回报要求。确切地说，天使式众筹应该是股权众筹模式的典型代表，它与现实生活中的天使投资、VC除了募资环节通过互联网完成之外，基本没多大区别。但是互联网给诸多潜在的出资人提供了投资机会，再加上对出资人几乎不设门槛，所有这种模式又有"全民天使"之称	2012年做技术和产品的李群林想创业，可钱不够，想找投资却不认识天使投资人。于是，他决定做一个股权融资模式的众筹网站，把创业者的商业想法展示出来，把投资人汇聚起来，让他们更有效率地进行选择。2012年12月10日，李群林把他的众筹网站"大家投"（最初叫"众帮天使网"）搬上了线。那时他的想法特别简单，创业者把自己的项目展示在网站上，设定目标金额和期限，投资人看了觉得不错就来沟通，然后投资成为项目股东，投的人多了逐渐把钱凑齐。等众筹完成，平台再收取服务费。2013年9月，大家投成功完成了一个30万元的众筹项目，这是这个平台第一次为其他创业者筹资成功的案例。 大家投网站模式是：当创业项目在平台上发布项目后，吸引到足够数量的小额投资人（天使投资人），并凑满融资额度后，投资人就按照各自出资比例成立有限合伙企业（领投人任普通合伙人，跟投人任有限合伙人），再以该有限合伙企业法人身份入股被投项目公司，持有项目公司出让的股份。而融资成功后，作为中间平台的"大家投"则从中抽取2%的融资顾问费。如同支付宝解决电子商务消费者和商家之间的信任问题，"大家投"将推出一个中间产品叫"投付宝"。简单而言，就是投资款托管，对项目感兴趣的投资人把投资款先打到由兴业银行托管的第三方账户，在公司正式注册验资的时候再拨款进公司。"投付宝"的好处是可以分批拨款，例如，投资100万元，先拨付25万元，根据企业的产品或运营进度决定是否持续拨款。社交媒体的出现，使得普通人的个人感召力可以通过社交媒体传递到除朋友之外的陌生人，以便获得更多资源、资金创业公司，一切皆有可能。"大家投"在这方面做了值得肯定的有益的尝试

第二节　国内外股权众筹的发展及主要平台

股权众筹是近年来世界上出现的一种新型投融资方式。了解股权众筹的历史尤其是在中国的发展，对于我们在实施理解股权众筹时如何把握显然是必要的。

一、国外股权众筹的发展及主要平台

股权众筹这一模式最先在美国出现，世界上第一个股权众筹平台AngelList 于 2010 年诞生于美国硅谷，其最初的产品形态是为投资人提供了一个社交网络。当时的 AngelList 一边建立与投资人之间的关系，另一边则大量积累项目库。到 2011 年，AngelList 的项目库提升到一个新的高度：平台上收录了 500 家创业企业信息并有 2500 个天使投资人。越来越多的投资人直接使用 AngelList 的项目库进行检索，而不是等待 AngelList 的定期邮件。至 2013 年年底，AngelList 平台宣布单月为创业企业完成 1200 万美元融资。到 2014 年 9 月，AngelList 已经收录创业企业 30 万个以上，通过平台融资项目接近 6000 个。

AngelList 的成功让全世界各个国家的投资者蠢蠢欲动，迅速涌现出了针对不同市场的股权众筹平台，例如，海外知名的股权众筹平台还有WeFunder、OurCrowd、RockThePost，由于在不同的地区有不同的法律政策，因此这些股权众筹平台也都采用不同的形式来构成自己的业务流程和产品形态。但在总体的初衷和最终的目的上都与 AngelList 相近，即通过网络工具高效准确地进行钱与项目的匹配，迅速促成融资。由此，股权众筹这一模式便迅速传入欧洲、亚洲等世界各地。

二、国内股权众筹的发展及主要平台

在中国，2013 年国内正式诞生第一例股权众筹案例，2014 年 11 月 19 日，国务院总理李克强主持召开国务院常务会议，要求建立资本市场小额再融资快速机制，并首次提出"开展股权众筹融资试点"，后来写入 2015 年 "两会"期间的《政府工作报告》。因此，2015 年被称为"股权众筹元年"。

2015 年 3 月，国务院的《关于发展众创空间推进大众创新创业的指导意见》提到"开展互联网股权众筹融资试点，增强众筹对大众创新创业的服务能力"，可谓吹响了股权众筹春天的号角。地方对股权众筹也出台了许多政策，紧扣"双创"(即大众创业、万众创新)、"双众"("众包"和"众筹")，重点颁发专项扶持资金，全方位布局释放经济内生动力。其中，广东省 2015 年 7 月出台的《广东省互联网股权众筹试点工作方案》，直接针对股权众筹提出发展要求，导向最为清晰。该方案计划 2015 年底全省互联网股权众筹平台达 50 家，挂网创业创新项目 5000 个，成功筹资的创业创新项目 400 个，完成众筹融资额 5 亿元。从行业年底数据来看，该目标已经顺利实现。

2016 年，中央政法委、公安部、金融监管部门等一同整顿市场，打击伪众筹、非法集资，防止劣币驱逐良币，为有利民生的真正众筹的成长保驾护航。

目前，国内知名股权众筹平台有以下十个，如表 6-3 所示。

表 6-3　国内知名股权众筹平台

平台	基本情况
天使汇	"天使汇"是国内最大的股权众筹平台，致力于帮助靠谱的项目找到靠谱的钱。这里汇聚了国内顶尖的天使投资人，当创业者提交创业项目后，"天使汇"会精心筛选出优质的创业项目，然后为"靠谱的项目"找到"靠谱的天使投资人"。"天使汇"于 2011 年 11 月 11 日正式上线，网站拥有专业分析师团队对项目进行多轮严格审核，对通过审核的项目给予专业指导和帮助，然后把这些项目通过多种途径推荐给经过平台认证的优秀投资人，以实现快速的投资融资。当然，这一切都是免费的

续表

平台	基本情况
原始会	"原始会"是网信金融旗下的股权众筹平台,致力于为投资人和创业者提供创新型投融资解决方案。作为创业者,您可以在原始会平台发起项目,展示靠谱的商业计划和优秀的团队,快速聚拢资金、资源、战略伙伴。作为投资人,您可以轻松发现优质项目,分享企业成长带来的资本溢价。同时,原始会提供创业及融资辅导、路演推广、宣传策划、用户教育沙龙等优质增值服务
人人投	"人人投"直属于北京飞度网络科技有限公司,是专注于以实体店为主的股权众筹交易平台。针对的项目是以身边的特色店铺为主,投资人主要是以草根投资者为主。全部"人人投"项目必须具有两个以上的实体连锁体验店,项目方最低投资10%。"人人投"凭借有力的推广平台让项目方在线融资的同时也在进行品牌宣传
众众投	"众众投"是基于众筹模式的实体店投融资对接平台,是国内以众筹为主题的独立综合平台的先行者与倡导者,率先尝试中国股权众筹模式,开创了中国股权众筹先河,以打造一个全球最权威的实体连锁股权众筹平台为奋斗目标。为保证投资人的资金安全,"众众投"股权众筹平台采取融资方与投资方共同投资分店的方式,让融资方与投资方一起分担风险
天使街	"天使街"定位于中国领先的股权众筹平台及投融资社交平台。该平台专注O2O,致力于为小微创企业提供一站式投融资综合解决方案,帮助项目方迅速融到资金,推动快速发展,同时提供创业辅导、资源对接、宣传报道等优质增值服务。帮助投资人快速发现好项目,为其领投、跟投、资源输出、经验输出等提供依据,推动多层次的投资人群体协作发展
大家投	"大家投"是由深圳市创国网络科技有限公司旗下打造的股权众筹平台,是国内首个"众筹模式"天使投资与创业项目私募股权投融资对接平台,被称为中国版的AngelList,股权投融资版的Kickstarter
创投圈	"创投圈"是专为早期创业者和天使投资人服务的股权投融资平台。成立于2011年6月,是由天使会和创新工场共同投资的第一家公司。基于对天使投资人和早期投资的深刻理解,为早期创业者提供融资咨询
天使客	"天使客"是一个主打"精品路线"的股权众筹平台,由石俊发起,德迅投资创始人、腾讯创始人之一的曾李青先生,经纬创投创始人张颖先生以及架桥资本共同投资成立。专注TMT领域天使阶段到Pre-A阶段的股权众筹。作为嫁接投资人和创业者的一座桥梁,一方面,帮助优质创业项目寻获投资;另一方面,采用"领投+跟投"模式、限制最低2万元起投的准入门槛,在分担投资人风险的同时一定程度上保障投资人权益

平台	基本情况
众投邦	"众投邦"是首家新三板股权众筹平台，专注于成长期优质企业的股权众投平台，主要通过主投（GP）+跟投（LP）的模式帮助企业进行股权融资。众投邦现已成功构建了以网络视频路演、线下沙龙、"新三板"投融资对接会及众投专场对接会议等多渠道投融资服务体系。众投邦将继续以"用互联网思维造就百亿市值公司"为最终目标，不仅为投资人和创业者解决投融资问题，更致力于成为最具影响力和公信力的股权众投平台
东家	"东家"是京东金融新出台的股权众筹平台，由京东金融打造，其融资实力不容小觑。京东众筹投资人门槛相对较低，但对领投人的要求极高。采用"领投+跟投"的模式，而且十分重视投后管理，以最大的限度降低投资人的风险

股权众筹在国内作为一个新生事物，站在了"大众创业、万众创新"风口上，用互联网技术、众筹理念、大数据等新增长点为全民投资打开一个窗口。随着行业的发展和政策"靴子"的落地，股权众筹也会将从生活服务、文化传媒、智能硬件和企业服务四大领域向外辐射，覆盖到其他行业和领域，为互联网金融、创业领域乃至产业升级和发展做出重要贡献。股权众筹刚刚开始，道路固然是曲折的，但事实证明，未来一片光明。

第三节　股权众筹参与主体及运作流程

在股权众筹运营当中，主要参与主体包括发起人、出资人和众筹平台三个组成部分。任何人参与股权众筹也都要遵循一定的运作流程。

一、股权众筹参与主体：发起人、出资人、众筹平台

1. 发起人
发起人又称筹资人，通常是指融资过程中需要资金的创业企业或项目，他们通过众筹平台发布企业或项目融资信息以及可出让的股权比例。发起人

在股权众筹中占关键地位，而一个好的项目恰恰需要给力的发起人。项目是具有明确目标的、可以完成的且具有具体完成时间的非公益活动，如制作专辑、出版图书或生产某种电子产品。项目不以股权、债券、分红、利息等资金形式作为回报。发起人在项目前期需要做好市场调研、项目资料准备、项目预算、推广运营、众筹回报的监督和管理等多方面的工作。

有几个爱猫的姑娘，由于她们无法包养所有的猫，所以想到了一个好方法，通过网络结识广大爱猫人士，分享彼此的爱猫美图，还编写了一本爱猫杂志，致力于提高中国宠物猫的生活水平，说服更多人加入爱猫行列。于是，她们组成众筹项目发起人团队，到一个众筹平台为可爱的猫迷开展众筹活动。这个发起人团队通过自身的宣传优势线下各类活动预热，使得一大波爱猫人士来到平台支持项目，最后以超募114%的结果成功结束众筹。在落地的活动中更体现了强大的执行力，活动丰富多样，组织井井有条。对于爱猫人士和公益爱好者来说，用众筹的方式做公益，是一件很有意义的事情。

项目发起人必须具备一定的条件（如国籍、年龄、银行账户、资质和学历等），拥有对项目100%的自主权，不受控制，完全自主。项目发起人通常是需要解决资金问题的创意者或小微企业的创业者，在实现筹资目标的同时，也可强化众筹模式的市场调研、产品预售和宣传推广等延伸功能。

2. 出资人

出资人也称投资人，他往往是数量庞大的互联网用户，他们利用在线支付等方式对自己觉得有投资价值的创业企业或项目进行小额投资。待筹资成功后，出资人获得创业企业或项目一定比例的股权。

电影《大圣归来》自2015年7月10日上映，12天内狂揽5亿多元票房。这个数据指的是参与《大圣归来》众筹项目投资的89位投资人，这些投资人合计投入780万元，兑付时预计可以获得本息约3000万元。在《大圣归来》片尾，参与众筹的投资人均以"众筹出品人"的身份署名。

股权众筹作为一个新兴的互联网金融模式，对出资人有以下三点要求，如表6-4所示。

表 6-4　股权众筹对出资人的要求

要求	内容
风险承受能力	股权众筹作为一种有风险的投资，对于普通的投资人来说，必须要充分知悉股权众筹项目的风险，如项目风险、众筹平台风险、自身承受能力等，并有承担风险的能力。如果不能正视股权众筹行业的风险，又没有一个好的投资心理，那最好不要涉入这一行业
项目把控能力	股权众筹行业的项目都是有风险的，尤其是创业型的项目。对于这种项目，出资人可以进行实地考察，或者对相关行业调查，分析项目原有的收益状况及盈利优势，能够找准时机，投资优质赚钱的项目才是王道
学习能力	出资人需要熟知股权众筹行业的相关法律法规，投资项目在运营过程中，可以为企业的发展提供相关知识。最重要的是，在投资人股权众筹项目中，出现项目方违反相关规定的情况下，可以依法来维护自身的权益和利益

　　区分股权众筹与其他形式众筹的核心问题是，看筹资人向出资人提供的回报是否主要是股权形式，即便不是百分之百以股权形式体现，但至少绝大多数回报形式应该体现在股权回报上。

　　3. 众筹平台

　　众筹平台是指连接筹资人和出资人的媒介，其主要职责是利用网络技术支持，根据相关法律法规，将项目发起人的创意和融资需求信息发布在虚拟空间中，供投资人选择，并在筹资成功后负有一定的监督义务。

　　在国内股权众筹平台发展势头迅猛的当下，北方的"天使汇"和南方的"大家投"各有千秋，代表了当前众筹平台的水平，体现出了强大的生命力。

　　"天使汇"在业内号称互联网金融的精英聚集地，成立于 2011 年 11 月，目前投资人来自知名投资机构的占 70%，合伙人及独立投资人占 80%。平台选择的大部分是高科技项目，覆盖从种子期到上市前期的所有企业和各个阶段的融资，允许更灵活的投资方式，拥有丰富的投前、投中、投后管理工具，可提供更加完善的增值服务体系。基本投资模式主推"快速合投"功能，与

"领投+跟投"模式并无本质不同。

"大家投"定位于中国草根众筹平台，其一般要求融资项目具备高新技术、创新商业模式、市场高成长性特征，同时尚未引入 A 轮 VC 投资，融资金额在 20 万~1000 万元人民币，投资人单次跟投额度可以最低到项目融资额的 2.5%。如果投资人认购额度达到融资企业要求，那么多位投资人会在线下专门成立一家有限合伙企业，由领投人担任普通合伙人，负责具体项目投资及融后管理。

二、股权众筹运作流程

股权众筹一般运作流程有以下五步：

第一步，创业企业或项目的发起人，向众筹平台提交项目策划或商业计划书，并设定拟筹资金额、可让渡的股权比例及筹款的截止日期。

第二步，众筹平台对筹资人提交的项目策划或商业计划书进行审核，审核的范围具体，但不限于真实性、完整性、可执行性以及投资价值。

第三步，众筹平台审核通过后，在网络上发布相应的项目信息和融资信息。

第四步，对该创业企业或项目感兴趣的个人或团队，可以在目标期限内承诺或实际交付一定数量资金。

第五步，目标期限截止，筹资成功的，出资人与筹资人签订相关协议，具体详见下文；筹资不成功的，资金退回各出资人。

通过以上流程分析，与私募股权投资相比，股权众筹主要通过互联网完成"募资"环节，所以又称其为"私募股权互联网化"。

第四节　股权众筹的法律风险及监管

股权众筹的法律风险主要体现在两个方面：一是运营的合法性问题，这中间可能涉及最多的就是非法吸收公众存款和非法发行证券；二是出资人的利益保护问题。对通过股权众筹进行创业和投资的参与者来说，关键是熟悉相关法律法规，不要触碰法律底线，以规避法律风险，做到安全操作。

一、股权众筹运营的合法性

股权众筹运营的合法性，主要是指众筹平台运营中时常伴有非法吸收公众存款和非法发行证券的风险，而很多从业人员包括相关法律人士对此也是认识不一。非法吸收公众存款是非法集资罪，在《最高人民法院关于审理非法集资刑事案件具体应用法律若干问题的解释》中第一条有规定。非法发行证券的风险在《中华人民共和国证券法》（以下简称《证券法》）中有规定。

1. 非法吸收公众存款的风险

众所周知，在目前金融管制的大背景下，民间融资渠道不畅，非法吸收公众存款以各种形态频繁发生，引发了较为严重的社会问题。对此，2010年12月《最高人民法院关于审理非法集资刑事案件具体应用法律若干问题的解释》（以下简称"司法解释"）第一条规定：

"违反国家金融管理法律规定，向社会公众（包括单位和个人）吸收资金的行为，同时具备下列四个条件的，除刑法另有规定的以外，应当认定为《刑法》第一百七十六条规定的'非法吸收公众存款或者变相吸收公众存款'：

（一）未经有关部门依法批准或者借用合法经营的形式吸收资金；

（二）通过媒体、推介会、传单、手机短信等途径向社会公开宣传；

（三）承诺在一定期限内以货币、实物、股权等方式还本付息或者给付回报；

（四）向社会公众即社会不特定对象吸收资金。

未向社会公开宣传，在亲友或者单位内部针对特定对象吸收资金的，不属于非法吸收或者变相吸收公众存款。"

该司法解释同时要求，在认定非法吸收公众存款行为时，上述四个要件必须同时具备，缺一不可。因此，股权众筹运营过程中对非法吸收公众存款风险规避，应当主要围绕这四个要件展开，如表6-5所示。

表6-5 对司法解释第一条相关规定的解读

问题	解读
对要件（一）和（二）的解读	就要件（一）和（二）而言，基本上是无法规避的。股权众筹运营伊始，就是不经批准的；再者，股权众筹最大的特征就是通过互联网进行筹资，而当下互联网这一途径，一般都会被认为属于向社会公开宣传。所以，这两个要件是没有办法规避的
对要件（三）的解读	针对承诺固定回报要件，实践中有两种理解：一种观点是不能以股权作为回报；另一种观点则是可以给予股权，但不能对股权承诺固定回报。如果是后一种观点还好办，效仿私募股权基金募集资金时的做法，使用"预期收益率"的措辞可勉强过关；如果是前一种观点，相应要复杂一些，可以采取线上转入线下采取有限合伙的方式，或者将若干出资人的股权将某一特定人代持
对要件（四）的解读	针对向社会不特定对象吸收资金这一要件，本来股权众筹就是面向不特定对象的，这一点必须要做处理。实践中有的众筹平台设立投资人认证制度，给予投资人一定的门槛和数量限制，借此把不特定对象变成特定对象，典型如"大家投"；也有的平台先为创业企业或项目建立会员圈，然后在会员圈内筹资，借以规避不特定对象的禁止性规定

2. 非法发行证券的风险

我国《证券法》于1998年12月制定，历经三次修改，其中第十条规定："公开发行证券，必须符合法律、行政法规规定的条件，并依法报经国务院证券监督管理机构或者国务院授权的部门核准；未经依法核准，任何单位和个人不得公开发行证券。有下列情形之一的，为公开发行：

（一）向不特定对象发行证券的；

（二）向特定对象发行证券累计超过二百人的；

（三）法律、行政法规规定的其他发行行为。

非公开发行证券，不得采用广告、公开劝诱和变相公开方式。"

首先必须提到的是，迄今为止，《证券法》并未对"证券"给出明确的定义，究竟有限责任公司的股权和股份有限公司的股份是否属于《证券法》规定的"证券"，业界仍有一定的争议，但前文提到的美微传媒被证监会叫停，显然主管部门更倾向于认定股权属于证券范畴。针对《证券法》第十条，有三个问题值得关注，如表6-6所示。

表6-6　对《证券法》第十条相关规定的解读

问题	解读
什么是公开发行必须符合法律、行政法规规定的条件	公开发行一般对公司有一定的要求，如要求公司的组织形态一般是股份有限公司，必须具备健全且运行良好的组织机构，具有持续盈利能力、财务状况良好，最近三年内财务会计文件无虚假记载，无其他重大违法行为，以及满足国务院或者国务院证券监督管理机构规定的其他条件。 股权众筹项目显然通常都不具备这些条件，绝大多数众筹项目在众筹计划发布时公司都尚未注册成立，更别提还具备好的财务记录了，显然不具备公开发行证券的条件，因此只能选择不公开发行了
如何认定公开发行？什么是面向特定对象、什么是面向不特定对象发行	应该说这个规定发布的时候网络等新媒体还没有那么发达，而现在微博、微信等已经充分发达，那么现在通过互联网等平台发布众筹计划属不属于采用广告或变相公开的方式发布就成为一个问题了。众筹这种方式它的本质就是"众"，就是说它面向的范围会比较广，它又是一个新生事物，以互联网等作为聚集人气的手段，如果法律对这些都进行强制性规制，无疑会扼杀这个新兴的具备活力的创业模式。 是否符合面向特定对象的不公开发行，实践中判断时大致采用两个标准：一是投资人是否限定在一定范围内；二是发行数额是否有上限，是否可以随时增加。针对前一标准，投资人限定范围大小，是否构成特定对象不好判断，但后一标准相对比较好把握，例如，众筹计划募集的资金和股份是不是有限制的，是不是有一个特定的数额，如果没有限制随时都可以增加可能就存在问题
两百人是打通计算，还是仅看表面	不超过两百人，是数量上的禁止性规定，这个在实践中比较容易把控。但有一点是，这两百人的认定，是打通计算，还是仅看表面？如果是打通计算，也就是说股权众筹最多只能向两百人筹资；如果是仅看表面，那么众筹平台在实践中就会有许多变通方式

二、出资人的利益保护

近年来，虽然互联网金融越来越影响着人们的消费、理财生活，但由于行业不完善、监管缺失等造成的问题也屡见不鲜，2015 年多家 P2P 平台非法集资跑路事件也在社会上造成了极大的信任危机。业界人士频频呼吁，互联网金融应加快完善监管体系，各平台也要做好自检自律，尽职保护投资人利益。在 2016 年"两会"期间，互联网金融尤其是股权众筹，作为供给侧改革、"双创"、金融改革的重要突破口之一，成为了媒体广泛关注的焦点。不少政协委员也纷纷建言：应考虑建立股权众筹平台准入制度、合格投资人认证制度，加强股权众筹融资平台的监管与指导，建立健全股权众筹融资项目交易与退出机制，以及股权众筹融资风险防范协作协调机制，保障行业健康发展。

保护出资人利益应该是众筹这种模式的立足点，作为众筹模式中的一个重要形式，股权众筹也应该将保护出资人利益当作立足点。在股权众筹模式中，出资人的利益分别涉及以下四个方面：一是信任度，二是安全性，三是知情权和监督权，四是股权的转让或退出。

1. 信任度

在信任度方面，由于当下国内法律、法规及政策限制，在股权众筹运营过程中，出资人或采用有限合伙企业模式或采用股份代持模式进行相应的风险规避。但问题是在众筹平台上，出资人基本互相都不认识，在有限合伙模式中起主导作用的是领投人，股份代持模式中代持人至关重要，数量众多的出资人如何建立对领投人或代持人的信任度很是关键。

鉴于目前参与众筹的许多国内投资者并不具备专业的投资能力，也无法对项目的风险进行准确的评估，同时为解决信任度问题，股权众筹平台从国外借鉴的一个最通用模式即合投机制，由天使投资人对某个项目进行领投，再由普通投资者进行跟投，领投人代表跟投人对项目进行投后管理，出席董事会，获得一定的利益分成。这里的领投人，往往都是业内较为著名的天使投资人。但该措施或许只能管得了一时，长期却很难发挥作用，这是因为众筹平台上项目过多，难以找到很多知名天使投资人，不知名的天使投资人又很难获得出资人信任，另外天使投资人往往会成为有限合伙企业的 GP（General Partner，一般合伙人），一旦其参与众筹项目过多，精力难以兼顾。解决问题的核心还是出资人尽快成长起来。

另外，众筹模式中采用股份代持的，代持人通常是创业企业或项目的法定代表人，其自身与创业企业的利益息息相关，出资人应当注意所签代持协议内容的完整性。

2. 安全性

在安全性方面，目前，从国内外众筹平台运行的状况看，尽管筹资人和出资人之间属于公司和股东的关系，但在筹资人与出资人之间，出资人显然处于信息弱势的地位，其权益极易受到损害。

众筹平台一般会承诺在筹资人筹资失败后，确保资金返还给出资人，这一承诺是建立在第三方银行托管或者"投付宝"类似产品基础上。但众筹平台一般都不会规定筹资人筹资成功但无法兑现对出资人承诺时，对出资人是否会返还出资。当筹资人筹资成功而却无法兑现对出资人承诺的回报时，既没有对筹资人的惩罚机制，也没有对出资人权益的救济机制，众筹平台对出资人也没有任何退款机制。

严格来说，既然是股权投资，就不应该要求有固定回报，否则又变成了"明股实债"。但筹资人至少应当在项目融资相关资料中向出资人揭示预期收益。一旦预期收益不能实现，实践中又会形成一定的纠纷。

3. 知情权和监督权

在知情权和监督权方面，出资人作为投资股东，在投资后有权利获得公司正确使用所筹资金的信息，也有权利获得公司运营状况的相关财务信息，这是股东权利的基本内涵。

虽然行业内规定众筹平台有对资金运用监管的义务，但因参与主体的分散性、空间的广泛性以及众筹平台自身条件的限制，在现实条件下难以完成对整个资金链运作的监管，即使明知筹资人未按承诺用途运用资金，也无法对其进行有效制止和风险防范。

该环节有点类似私募股权投资的投后管理阶段，出资人作为股东，了解所投公司的运营状况是其基本权利。行业内虽对众筹平台类似规定，但实践中缺乏可操作性，只能寄期望于不久出台的法规中对众筹平台强制性要求，以及不履行义务的重度处罚。同时，对于公司或众筹平台发布或传递给出资人的相关信息，如果能明确要求有专业律师的认证更好。

4. 股权的转让和退出

在股权的转让或退出方面，众筹股东的退出机制主要通过回购和转让这两种方式，如采用回购的方式，原则上公司自身不能进行回购，最好由公司的创始人或实际控制人进行回购；采用股权转让方式，原则上应当遵循《公司法》的相关规定。

在公司创始人回购或者直接股权转让的实务中，如果出资人直接持有公司股权，则相对简单，但实践中大多采用有限合伙企业或股份代持模式，出资人如要转让或退出，就涉及有限合伙份额的转让和代持份额的转让。关于这一点，最好能在投资前的有限合伙协议书或股份代持协议中加以明确约定。

在解决了由谁来接盘后，具体的受让价格如何进行又是一个难题，由于公司尚未上市没有一个合理的定价，也很难有同行业的参考标准，所以建议在出资入股时就在协议里约定清楚，例如，有的众筹项目在入股协议中约定，发生这种情况时由所有股东给出一个评估价，取其中的平均值作为转让价，也有的约定以原始的出资价作为转让价。

三、股权众筹的法律监管

如何让股权众筹在"鼓励与规范"之间取得完美平衡，不仅成为大小众筹平台面临的一道难题，也极大地考验着我国监管层的监管智慧。在经过了多年长足发展之后，我国股权众筹行业终于在 2015 年迎来一个发展的拐点：

2015 年 3 月，国务院印发了《关于发展众创空间推进大众创新创业的指导意见》，明确提出"开展互联网股权众筹融资试点，增强众筹对大众创新创业的服务能力"，并将"开展股权众筹融资试点"写入这一年的《政府工作报告》；

2015 年 7 月 18 日，央行等十部委联合发布了《关于促进互联网金融健康发展的指导意见》，首次以书面形式明确了股权众筹的基本概念与要素，指出股权众筹融资主要是指通过互联网形式进行公开小额股权融资的活动，股权众筹融资方应为小微企业，投资者只能进行小额投资；

2015 年 8 月，证监会发布了《关于对通过互联网开展股权融资活动的机构进行专项检查的通知》，明确了股权众筹"小额、公开、大众"的性质，并确立了公募与私募的监管思路与原则；

2015 年 9 月，《国务院关于加快构建大众创业万众创新支撑平台的指导意见》再次提出"稳步推进股权众筹融资试点，鼓励小微企业和创业者通过股权众筹融资方式募集早期股本"。

上述针对股权众筹的监管政策已经透露出了几点重要信息：第一，中国股权众筹立法已经提上日程，呼之欲出，行业规范健康发展已经势在必行。第二，中国股权众筹立法的雏形蓝图，与美国 JOBS 法案有异曲同工之妙：都定位小微，尤其是小型创新创业企业；同样遵循"小额、公开、大众"的原则；同样保护投资者利益为核心，并重点强化信息披露制度，融资企业通过中介平台如实、及时披露运营关键信息，禁止误导或欺诈；同样将证券监管部门明确为股权众筹监管机构，将股权众筹纳入我国多层次资本市场有机组成部分。第三，监管层已经肯定了融资门户网站或中介平台（即股权众筹平台）在股权众筹融资中的核心地位和作用：所有股权众筹融资活动必须通过融资门户网站进行，并赋予股权众筹平台一定的监管和创新探索功能。

最新消息是 2016 年 4 月 27 日，在国务院多部委联合召开的防范和处置非法集资法律政策座谈会（下称"防非座谈会"）上，证监会还在防非座谈会上特别强调，将对股权众筹、私募基金等新型金融业态加以区分，同时还将在立法层面进行健全。证监会表示："健全完善法规制度体系，积极推动出台私募基金监管条例，在证券法修改中对股权众筹做出规范，通过不断完善法规制度，引导金融创新活动的规范发展，同时防止非法金融活动借金融创新名义进行。"

在业内人士看来，证监会的表态或意味着私募基金和股权众筹两个方面将迎来"立法式"规范。一是可能会出台国务院或其他更高层面的私募基金的监管条例；二是在证券法的修法中，将会为股权众筹留出制度空间。

[案例] 微度咖啡：120 人用梦想打造众筹咖啡馆

2014 年 12 月 8 日的晚上，几个朋友与和君商学院的同学在群里聊起即将毕业了，想到以后大家天各一方，相聚不易，多少有点伤感。群里有朋友曾经众筹过咖啡馆，他说了一句："咱们也众筹一个咖啡馆吧，这样我们就会像老友记里的好朋友们一样永远有一个共同的家。"此言一出，大家纷纷响应，第二天就各自找地方，开始做起来了。

表面上，决定做微度咖啡可能源自一个很偶然的聊天，实际上却是因为赶上了很好的时机。首先，众筹咖啡馆的先驱给我们积累了大量经验，而提议者本人就发起过众筹的咖啡馆；其次，筹一个咖啡馆的想法已经酝酿了很多年，大家有这样的基本认同；最后，毕业季的伤感可能最终促成了这一想法的实施。

大多数众筹咖啡在众筹资本完成之后忽略了运营管理的重要性，呈现出股东各个风格迥异，群龙无首的局面。微度咖啡的 120 位股东从"50 后"到"95 后"年龄不等，覆盖的年龄层次极广，因此更需要科学的组织架构。

微度咖啡在股东内部组建了规模九人的执委会，专门负责股东服务和微度的品牌宣传、平台打造。另外，还以微度事业合伙人的方式吸纳了一名店长，招聘了五名全职咖啡师，成立了六人经营团队，负责日常咖啡服务工作。在此基础上，股东代表成立了监事会，共五位股东，专门负责监督执委会和经营团队的工作以及咖啡店的财务状况。

众筹咖啡大多缺乏主题定位，而微度咖啡在这一点上却异常清晰。微度咖啡的一个重要功能是打造后校园时代的社交平台，这起源于发起微度咖啡的那批创始人，在和君商学院同窗四年后难舍难分的情谊，让大家想有一个线下场所能够经常聚聚。从想法到微度咖啡试营业，只用了100天时间。和君商学院学子的行动力不言而喻。

微度咖啡目前已经打造了四项主题系列活动，分别是微度书院、微度电影、微度创业、微度投资。这里不仅为创业者提供免费的办公场地和资本、人才的资源对接，乃至于一站式的公司注册服务，作为众创空间微度咖啡能提供的服务应有尽有。但这里不是沉闷而压抑的办公场所，微度咖啡始终保持着自己的精神气质和内涵：有趣、有爱、有梦。

有趣：微度书院与和君商学院的读书会合作，定期会举办读书活动，欧式的落地式大书架上摆满了各行各业的书籍，一起阅读和君商学院书单，交流、分享、讨论，共同进步。微度电影与电影协会合作，每周会放映经典影片，邀请大家来观看、交流。微度，是你可以放松心灵的地方。

有爱：微度咖啡从想法到落地，一路走来就是一个关于爱的故事。为了一群有爱的人能聚在一起，微度咖啡出现了。微度咖啡还与《南方周末》合作做慈善项目，将这份爱传播到更广阔的空间。

有梦：微度英文名是We Do，这诠释了微度咖啡的经典价值观。We是和君商学院，他们要找到同行的人，从心开始。Do是王阳明所说的"知行合一"，这也是和君商学院所倡导的人生哲学之一。在这里，与同行的人一起做一件漂亮事。

微度咖啡秉承着"有趣、有爱、有梦"的理念，搭建资源聚合的众创空间，平台的属性会越来越强，会吸引到越来越多的创业者和投资人，更多的情怀会在这里绽放。现在我们能在微度咖啡看见这样的场景：A桌两人讨论××行业的人才需求问题，B桌两人正是××行业的白领，B桌凑到A桌边上："我们是××行业的，听见你们在聊，可以一起探讨探讨。"两桌人互换名片，聊了起来。彼此需求互补，在环境优美的微度咖啡厅成为了朋友。小到人与人之间的温暖，大到项目与资本的对接，微度咖啡营造了刚刚好的氛围。

定位"有趣、有爱、有梦"的微度咖啡，致力于打造后校园时代社交平台和实力雄厚的众创空间。微度咖啡传承了和君商学院的文化基因，以成为现代中国人的精神岛屿和中华文化的传播使者为使命。同心同力的股东成员、极强文化认同感的客户群体以及商学院的资本背景，使微度咖啡成为了股权众筹的经典案例，更是新经济浪潮下独树一帜具有灵魂的众创空间。

第三篇　股权激励

第七章

股权激励之道

　　股权激励，是企业为了吸引、保留和激励核心人才，有条件地给予激励对象部分或者全部股东权益，使其与企业结成利益共同体，从而实现企业长期目标的一种长期激励机制。本章主要介绍股权激励的前世与今生，股权激励的原理与逻辑以及股权激励的法律基础。

第一节　股权激励的前世与今生

一、国内股权激励的起源与发展

1. 股权激励的起源——晋商身股制

　　目前，多数学者认为，晋商的身股制度是现在股权激励的雏形，其非常接近现代股权激励概念，在激励和约束商帮成员方面发挥着巨大的作用。

　　晋商股份分为银股和身股，出资者为银股，出力者为身股，也就是说，东家出钱、经理出力并为东家的资本负责。东家允许经理等凭借自己的能力和经验顶一定数额的身股，银股和身股持有者享有均等的分红权利；每股的数额，各商号均不同，通常商号的资金越雄厚，每股的数额相对越多；一个账期的时间为3~5年，按股分红，盈利越多，分红越多。

最初银股和身股按着二八、三七或四六的比例分红，后来随着票号规模的不断扩大，号内顶身股者逐渐增多，身股的分红渐渐超过了银股分红。例如，乔家大德通票号，1889年银股为20股，身股为9.7股，到1908年时银股仍为20股，而身股增加到了23.95股。随着身股比例的增长，顶身股的员工越来越多，每名员工所顶的份额也越来越多，员工个人利益与票号整体利益的关系更加紧密。

按照约定，身股既不能转让，也不能继承，顶身股者离职或死亡后其股份也会随之终止。但也有例外，例如，实行协账制度，称为"故股"，对贡献突出的人去世后，家人可以根据其之前所顶的身股享受1~3个账期的分红。

2. 我国现代股权激励的发展

（1）起步。我国现代股权激励的发展始于1993年，万科首先开始股票期权实验。发展到现在，万科已经历经了四次股权激励计划，有的成功，有的失败。

1997年，股票期权制度第一次在上海仪电控股集团公司实行。

1998年，天津泰达股份有限公司进行了实施股票期权的探索。

1999年7月，北京市下发了《关于国有企业经营者实施期股试点的指导意见》，当年年底选择10家公司进行试点。同年，党的十五届四中全会在中共中央关于《国有企业改革和发展若干重大问题的决定》中正式明确了试行经理（厂长）年薪制、持有股权等分配方式。我国股权激励制度的效果逐步得到了官方认可和重视，并在部分国有企业中试点实行。

（2）探索。2002年9月17日，国务院办公厅转发了财政部、科技部制定的《关于国有高新技术企业开展股权激励试点工作的指导意见》，推动了我国国有企业股权激励的试点工作，为了激励经营者，国有企业纷纷采取股票期权、期股、股票奖励（含岗位股）、虚拟股票等多种方式。

（3）发展。2005 年证监会正式出台了《上市公司股权激励管理办法》，2008 年证监会出台《证监会股权激励有关事项备忘录》1 号、2 号、3 号，对上市公司股权激励的各种问题做了补充规定。之后在中小板、创业板的发展过程中也专门制定了部分规定，我国的股权激励制度建设和监管等不断完备，股权激励呈现出大发展态势。

2006 年，国资委、财政部先后发布了《关于印发〈国有控股上市公司（境外）实施股权激励试行办法〉的通知》以及《关于印发〈国有控股上市公司（境内）实施股权激励试行办法〉的通知》，鼓励境内、境外的国有控股上市公司积极探索试行股权激励制度。

2008 年 12 月，针对目前部分上市公司在股权激励方案设计和实际运行过程中存在的问题，例如，股权激励实施条件过宽、业绩考核不严、预期收益失控等，国务院国资委、财政部联合发出《关于规范国有控股上市公司实施股权激励制度有关问题的通知》，从上述几个方面对国有控股上市公司股权激励做了进一步补充。

2009 年 2 月，证监会会计部下发《上市公司执行企业会计准则监管问题解答》，同年 5 月，国家税务总局下发《关于上市公司高管人员股票期权所得缴纳个人所得税有关问题的通知》，分别对股权激励中的会计处理问题和个人所得税问题进行了说明。

2012 年 8 月初，证监会公布《上市公司员工持股计划管理暂行办法》的征求意见稿，将股权激励的对象由公司高管扩大到全体员工。这一阶段，我国股权激励制度建设真正走上正轨。

截至 2014 年，超过 170 家上市公司实施股权激励方案；仅 2014 年，两市共有 35 家公司推出股权激励预案。其中，第四季度推出股权激励的上市公司占到全年总数的 74%。

二、国外股权激励的风起云涌

1. 国外股权激励的起步

股票期权制度最初产生于美国，为避免个人薪金被高额所得税征收（当时个人所得税边际税率升到 92%），1952 年美国菲泽尔（Pfizer）公司的管理者设计了一个面向全体员工的股票期权计划，这是最早出现的股票期权。

1956 年，美国潘尼苏拉报纸公司首次推出员工持股计划（ESOP），紧跟其后，各类激励模式纷纷涌现。20 世纪 60 年代，日本开始尝试 ESOP 等形式的股权激励，欧洲其他国家也普遍开始采取股权激励方式。

2. 国外股权激励的发展

20 世纪 80 年代和 90 年代，美国经济发生了一系列重大变化，随着股票市场的持续走牛，大规模的企业精简与兼并重组时有发生，由于税收政策和新会计准则颁布、高级经理人才流动频繁等原因，美国股权激励计划经历了大发展。到 1998 年，美国 350 家最大公司中已经约有 30% 的公司实施了员工普遍持有股票期权计划；在美国公司高管人员的薪酬总额中，长期激励报酬一直处于 20%~30%。20 世纪 90 年代以后，股票期权再次得到大量应用，比重由 1992 年的 27% 上升到 2000 年的 51%，2003 年达到 63%。近年来，部分公司的比重已经达到报酬 95% 以上。

同期，欧洲和日本的股权激励也获得了快速发展，到 20 世纪 90 年代末，日本相继实施了股票期权的公司共有 200 家，在税法和外汇管理方面也完善了相应的制度。

3. 教训与反思

2001 年后，美国企业界出现了很多因股权激励而产生的丑闻，许多公司停止了股权激励计划。为了维持高股价，世通公司会计造假金额达 71 亿美元。安然公司管理层通过做假账推高股价，以牟取巨额的期权收益，安然董事会主席卖出了超过 1 亿美元的期权。受此类丑闻的影响，美国股权激励的授予量大幅减少。

这些影响直接导致了其会计准则的变化。2004 年美国财务会计准则委员会 FASB 发布了修订的《财务会计准则报告第 123 号——基于股份的支付》，确认了期权会计处理中公允价值的计量方法。后来，国际会计准则委员会及欧盟委员会也相继发文，确立了对股票期权的费用化确认和公允价值计量的指导思想。如此，进一步完善了统一的国际会计准则，在一定程度上规避了股权激励的相关风险。

第二节　股权激励的原理与逻辑

一、股权激励的诞生原理

股权激励自诞生以来的快速发展并不是偶然的，而是有着深刻的经济、管理理论与实践背景。下面，我们就股权激励的诞生原理做下简单介绍。

1. 委托—代理理论

委托—代理理论是指委托人与代理人之间信息不对称，代理人无法以委托人的利益最大化为目标。这种信息不对称如果发生在事前，就叫作逆向选择模型；如果发生在事后，则叫作道德风险模型。

现代企业的运行过程，所有权与经营权是分离的，如果经营者的目标与公司目标不一致，经营者就可能利用信息不对称来谋取个人利益，对公司造成负面影响，这种危害就是代理成本。为了最大限度地降低代理成本，股东就要制定一定的激励约束机制来规范经理的行为。

股权激励是一种选择，可以使经理成为企业的所有者之一，在一定程度上削减双方的目标差异，使经理阶层承担部分由道德风险问题带来的利益损失，将经理的努力引向确保企业价值最大化的道路。同样，公司建立有效的激励机制，经营者的长期利益、企业的效益和股东的利益就会紧密联系在一起。

2. 产权理论

产权理论是以科斯、张五常等为典型代表的经济学理论，通过考察经济运行背后的财产权利结构来阐述经济运行规则和制度基础。

产权理论认为，产权明晰是企业绩效的关键，企业拥有者追求企业绩效的基本激励动机是对利润的占有，企业家对利润占有份额越多，提高企业效益的动机就越强，企业拥有者追求企业绩效动机的程度与利润占有的份额成正比。如果企业资产为私人拥有，拥有者在产权上保证资产带来的收益不被他人所侵占，就能构建起企业拥有者对资产关切的有效激励机制；但是，如果是非私有企业，企业就会存在目的多元化、对经理激励不足，不能承担所有商业风险导致的财务软约束等问题。

企业实施股权激励，目的就是通过建立在股权基础上的制度契约，实现经营者对产权拥有和利润占有，从而实现追求绩效的自我激励动机。当然，对于私有企业或非私有企业来说，两者存在一定的差异，具体的实施过程也完全不同。

3. 管理激励理论

管理学关于激励方面的研究非常广泛，从人的需求出发，最著名的当属马斯洛的六层次需求理论、赫兹伯格的双因素理论、麦克利兰的成就需要理论等。马斯洛的六层次需求理论提出人的六层次需求为：生理需求、安全需求、社会需求、尊重的需求、自我实现的需求、自我超越的需求。而赫兹伯格的双因素理论则认为，引起人们工作动机的因素主要有两个，一是激励因素，二是保健因素。只有激励因素才能给人们带来满意感，保健因素只能消除人们的不满，不会带来满意感。公司的政策、行政管理、监督、工作条件、薪水、地位、安全及各种人事关系等都是保健因素；工作有成就感、工作带有挑战性、工作的成绩能够得到社会认可、职业上能得到发展和成长等则是激励因素。

从人的行为的研究角度探究什么会导致行为的变化及如何转变人的行为，

主要理论有：弗鲁姆的期望理论、亚当斯的公平理论、斯金纳的操作条件反射理论及海德的归因理论。

众多管理学大师从不同角度为我们揭示了人的行为的原因、影响因素，努力寻找较好的激励方法，就能实现提高积极性、主动性的目的。股权激励既有需求层面的激励，也有行为过程的激励，同时兼顾了长远。

4. 人力资本理论

人力资本理论是以舒尔茨和贝克尔为代表的经济学家提出来的一种理论，其将社会发展中的财富创造由原来单纯的物质资本和货币资本扩充到人力因素上，认为人力因素也是财富增值的重要环节。

人力资本包括知识、技能、资历、经验和熟练程度、健康等，用总称代表人的能力和素质，不仅具有财产性质，同时也能增值，因此作为一种产权存在，能够获得因增值产生的资本收益。股权激励即人力资本拥有者根据人力资本价值对公司所做贡献来获取企业部分剩余索取权，有效利用人力资本价值来实现公司目标。

随着人力资本理论的发展，会计学开始对人力资本的价值进行计量定价，为了实现运维成本和剩余索取权分配，人力资本定价方法和定价实施也就成了一项重要内容。

5. 不完全契约理论

不完全契约理论是由格罗斯曼和哈特（Gross man and Hart，1986）、哈特和莫尔（Hart and Moore，1990）等共同创立的，该理论以合约的不完全性为研究起点，以财产权或（剩余）控制权的最佳配置为研究目的，是分析企业理论和公司在治理结构中控制权的配置对激励和信息获得的影响的重要工具。

不完全契约理论认为：由于人们的有限理性、信息的不完全性及交易事项的不确定性，要想明晰所有的特殊权利，需要付出很高的成本，因此无法拟定完全契约，不完全契约必然会存在；当契约不完全时，所有权也就具备了重要意义。所谓股权激励的设计就是，在明晰所有特殊权利成本过高的前提下，赋予经营者所有权或剩余控制权来实现有效配置。

二、股权激励的激励逻辑

所谓股权激励的激励逻辑是指股权激励的方式是怎样传导和影响公司与个人价值的提升。关于这方面的内容，可以从宏观和微观两个维度来分析。

1. 从宏观角度来看

从宏观角度来看，股权激励的作用被纳入到了链接企业治理结构、企业产品价值、企业资本价值、个人价值的内核，通过其对每种价值的影响，形成了相互影响的整个关系循环。

首先，股权激励的激励对象签订有效的股权激励契约，改变了企业的治理结构，一方面，让企业减少了代理成本；另一方面，让个人获得了股权性收益。激励对象充分发挥自己的价值，调动各方面资源，就能使企业产品的价值提升；反之，企业产品价值增大，整体业绩提升，就能带来个人绩效的增加。通过公司的股权性收益，个人价值就能增加，个人在经理人市场的流动性溢价也会随之提升，企业就能获得更大的市场收益。

其次，治理结构的完善，传递给市场企业经营管理绩效可能增加的信息，传导到资本市场会推升股价；而企业绩效增加和股价提升，则更能凸显个人人力资本价值，从而进一步深化治理结构的调整和完善。也就是说，通过股权激励的激励方式，整个股权市场、产品市场、资本市场、经理人市场就能形成一个相互影响的闭环。

2. 从微观角度看

从微观角度来看，股权激励的传导是通过激励对象的行为得以体现的。

股权激励是代理人变为委托人的过程，这个过程分为两个阶段，行权即为前后的节点。激励对象在行权之前，一般都抱有强烈的激励预期，想象未来行权后利益增加和个人价值提升，需要努力达成行权条件，因此就会努力减少交易成本、增加营业收入等，以提高绩效目标。

行权条件达到后，激励对象通过行权由代理人变为委托人，基于产权的约束，同样会努力提高业绩目标，因为损失和下滑会带来自身利益的直接减少。同时，行使股东在控制权、投票权等方面的权益，会影响企业的决策过程，起到优化治理结构的作用。

第三节　股权激励的法律基础

一、股权激励的法律实质

股权激励是现代企业制度的产物。现代企业制度的典型特征是所有权和经营权分离，股权激励在一定程度上缓解了这一矛盾。股权激励的应用，能够让公司原所有者与经营者之间的法律关系发生变化，由原雇佣关系变为同是股东的关系。

在未实施股权激励前，公司股东与经营者之间是单纯的雇佣关系。股东通过公司董事会聘用经营者，与其签订聘用合同并按约定支付报酬；双方当事人角色不同，考虑问题的出发点也不同。股东主要考虑的是其利益最大化，而经营者主要考虑的是自身利益的最大化，即最大限度地获取报酬。这种雇用关系会导致经营者的短期行为，而将公司的长远利益放在次要位置。

经营者与公司签订股权激励合同并达到行权要求实施行权后，就真正成了公司的股东。公司与经营者之间不再是雇用与被雇用的关系。经营者成了所有者，拥有了一定的剩余索取权并承担相应风险。

二、股权激励合同的内容

公司对管理层进行股权激励的实施载体是与管理层签订的股权激励合同。通过股权激励合同，公司与管理层确定各自的权利义务，使制定的股权激励计划的内容得以落实。

1. 股权激励合同的内容

股权激励合同是管理层享受股权激励的法律依据，肯定了其未来获得公司股权的权利。一般来说，股权激励合同应当包括以下内容：

（1）合同主体。一方是公司，一方是公司的管理层或员工，即股权激励指向的对象。

（2）合同标的。是公司的股权，合同的履行结果就是激励对象获得公司让渡出来的公司股权。

（3）激励对象获得权益的数量和价格。激励对象获得权益的数量不能太多，一旦对上市公司的股本影响过大，股东权益就会被摊薄较多，不易获得股东的认可；但过少则无法起到激励作用。激励对象获授权益的价格是指股票期权的行权价格或限制性股票的授予价格。

（4）激励对象获得权益的条件。股权激励计划通常附带条件，尤其是限制性股票。

（5）激励对象行使权利的程序和期限。激励对象行使权利需要履行一定的程序，而期限也涉及诸多期限。

特殊情况下双方的权利义务：除了以上五点之外，股权激励合同中还应当包括特殊情况下股权激励计划的执行以及公司和激励对象双方的权利义务。

2. 股权激励合同的性质

股权激励是公司对管理层和员工的一种长期激励，是对传统薪酬制度的补充和延伸。劳动合同是雇主与雇员之间签订的规定双方权利和义务的法律文件。在合同中，主要规定了有关劳动时间、聘用期限、工资待遇、工作条件、劳动处罚等条款，双方的关系是雇用与被雇用的法律关系。股权激励合同签订后，管理层达到了合同规定的一定条件，就能获得公司股份成为公司股东，但并没有改变劳动合同的性质。因为股权激励的目的是激励，股权激励合同只是用另外一种方式进一步加强雇用关系。从这个角度来说，股权激励合同仍是劳动合同的一部分或劳动合同的补充。

三、中国股权激励的法律法规

完善的法律制定是实施股权激励的基础，目前中国上市公司股权激励的两大根本法是《公司法》和《证券法》。

1.《公司法》

1993 年发布的《公司法》，将我国现代企业制度正式以法律的形式确定下来，二元制的法人治理结构也得以确立，股权激励自此有了生根发芽的土壤。从这个意义来说，《公司法》是我国企业股权激励机制得以产生和延续的根本法。

2.《证券法》

股权激励的标的是公司的股权，股权激励在实施过程中不仅要涉及实施前股份的发行和实施后股份的交易，还会涉及实施过程中的信息披露、防范内幕交易和操纵市场等风险，因此就需要《证券法》来规范和调整。因此，《证券法》也是规范公司股权激励行为的根本大法。

1993 年《公司法》、1998 年《证券法》制定的时间较早，尤其《公司法》制定于我国从计划经济济向市场经济的转轨时期，多少会被打上计划经济的烙印，存在很多不足。直至 2005 年《公司法》《证券法》修订后，才算是为股权激励彻底扫清了法律障碍，上市公司实施股权激励才有了明确的法律依据。

当然，股权激励还涉及上市公司和激励对象之间的权利义务关系以及双方要签订的股权激励合同等行为，涉及对股权激励如何进行会计处理激励对象获得的收益如何缴纳个人所得税等问题，因此，《合同法》《劳动法》《会计法》《税法》也是股权激励的重要法律依据。

[案例] 华为公司跌宕起伏、令人艳羡的股权激励历程

一、奋斗者华为：员工持股 95% 以上

1990 年，华为第一次提出内部融资、员工持股的概念。当时参股的价格

为每股 1 元，以税后利润的 15% 作为股权分红。华为员工的薪酬由工资、奖金和股票分红组成，这三部分占比几乎相当。

2001 年，华为开始实行名为"虚拟受限股"的期权改革，实施了一系列新的股权激励政策：①新员工不再派发长期不变 1 元一股的股票；②老员工的股票也逐渐转化为期股；③以后员工从期权中获得收益的大头不再是固定的分红，而是期股所对应的公司净资产的增值部分。

期权比股票的方式更为合理，华为规定根据公司的评价体系，员工获得一定额度的期权，期权的行使期限为四年，每年兑现额度为 1/4。

自 2001 年始实施虚拟股制度起，华为公司员工就从中国银行、中国工商银行、平安银行和中国建设银行四家银行的深圳分行获得贷款，用于购买虚拟股。

1. 2003 年华为推出大额配股

这次配股与华为以每年例行的配股方式有三个明显差别：①配股额度很大，平均接近员工已有股票的总和；②兑现方式不同，往年积累的配股即使不离开公司也可以选择每年按一定比例兑现，一般员工每年兑现的比例最大不超过个人总股本的 1/4，对于持股股份较多的核心员工每年可以兑现比例则不超过 1/10；③股权向核心层倾斜，即骨干员工获得配股额度大大超过普通员工。

此次配股规定了一个三年的锁定期，三年内不允许兑现，如果员工在 3 年之内离开公司，所配的股票无效。华为同时也为员工购买虚拟股权采取了一些配套的措施：员工本人只需要拿出所需资金的 15%，其余部分由公司出面，以银行贷款的方式解决。

2. 2008 年 12 月推出"配股"公告

此次配股的股票价格为每股 4.04 元，年利率逾 6%，涉及范围几乎包括了所有在华为工作时间一年以上的员工。该次配股制度被华为资深员工称为"虚拟股推行以来玩法变化最大的一次"。具体做法是：以级别和考核为主要依据，设定单个员工的当年虚拟股配股数。同时，也会根据级别设定该级别员工的虚拟股总量上限。

饱和率称为员工关心的一个重点，而要调整上限，最直接的办法就是调整职级。要调整职级，就首先要成为所谓的奋斗者。饱和配股制度的另一个作用，便是进一步"限制"那些从华为公司起步就加入公司的"老人们"的持股数量，通过上线限定，使得相当一部分"公司元老级"人物，不再拥有购买虚拟股的资格。由于这次配股属于"饱和配股"，即不同工作级别匹配不同的持股量，例如，级别为13级，持股上限为2万股，14级为5万股，大部分是在华为总部的老员工，由于配股已达到其级别持股量的上限，并没有参与这次配股。

从表面上来看，市场大众都看到的是华为任正非用1.4%的股份掌控了一家优秀的公司。事实上，华为的股权及治理结构体现了以下几个特征：

（1）任正非是一位不可多得的战略将军，他用铁血意志缔造了华为的军事化管理文化，使公司有了超强的攻坚执行能力；他在多个公司重大战略节点表现出卓越的决策力，带领华为向正确的方向前进；在华为进入雷军等新经济高手林立的手机领域时，他敢用新人，将不同于华为惯例的打法坚持到底。

（2）卓越的公司都有宗教般的教派文化和公司意志。在精英云集的公司，仅靠管理人的权力，是无法保障全公司的运转，靠覆盖面很广的虚拟股激励也还是不够，华为很早就起草了《华为基本法》。任正非把自己放下了，成为一个悟道者，以身作则成了《华为基本法》在全公司践行的基础。

（3）华为用持续的增长解决问题，增长才是硬道理。大部分人对股权的期许都是因为看中股权在资本市场的杠杆型倍增效应。但是，很多融资平台、金融产品正是因为投资标的的增长无法保障，无法实现可持续发展。华为坚持不上市，用持续的增长让所有的华为奋斗者获得了实实在在的收益，也成为华为领导力和虚拟股成立的支撑基石。

（4）华为实际上是分享制，而不是股份制。华为的虚拟股制度，其公司的控制权全部在任正非手里，大家只是分享利润。

（5）华为员工之所以愿意购买华为虚拟股权，其原因就是华为这十几年来的高速发展，股权增值巨大。在 2000 年投资的华为股票，十年之后，所持股票价值增长超过 15 倍。

二、华为虚拟股票，股票增值权

华为技术有限公司由华为投资控股有限公司持有，华为技术有限公司由华为投资控股有限公司 100% 持有，而华为投资控股有限公司由任正非与华为投资控股有限公司工会委员会分别持有 1.01% 和 98.99% 股权，其中华为技术投资控股有限公司工会委员会（以下简称"华为工会"）即为华为员工的持股会。华为工会负责设置员工持股名册，对员工所持股份数额、配售和缴款时间、分红和股权变化情况进行记录，并在员工调离、退休以及离开公司时回购股份，并将所回购的股份会转做预留股份。截至目前，华为技术有限公司注册资本约 399.08 亿元，华为投资控股有限公司注册资本约 128.14 亿元，而华为设立时的注册资本仅为 2 万元。

（1）激励模式。虚拟股票+股票增值权。授予激励对象分红权及净资产增值收益权，但没有所有权、表决权，不能转让和出售虚拟股票，在激励对象离开公司时，股票只能由华为工会回购。

（2）授予次数。激励对象只要达到业绩条件，每年可获准购买一定数量的虚拟股票，直至达到持股上限。

（3）授予价格。华为公司采取的每股净资产价格，相关净资产的计算参照毕马威公司的审计报告，但具体的计算方式并不公开。

（4）回购价格。激励对象离开公司，华为工会说按当年的每股净资产价格购回。

（5）激励收益。①分红，收益率一般超过 50%；②净资产增值收益，在华为工会回购股票时一次性兑现净资产增值收益。

（6）激励人数。截至 2013 年 12 月，参与员工持股计划人数为 84187 人，约占员工总数的 54%。

（7）激励效果。华为公司 2001~2013 年的销售收入从 235 亿元增长到 2390 亿元。2013 年营业利润 291 亿元，净利润 210 亿元。2014 年的营业利润为 339 亿元，净利润 279 亿元。

特别值得一提的是华为通过这种股权激励模式，只是将原股东的利润分享权转移给了员工，而华为的控制权却一直掌握在任正非手中，从华为的股权架构和人事任命上来看，在决定华为所有重大决策的股东会决议上，一直只有两个人的签名——任正非和孙亚芳。

第八章

股权激励的十种模式

第一节 业绩股票

一、案例

2006 年 5 月 30 日，万科在股东大会上通过了 2006~2008 年股权激励计划，计划分四期实施。

（1）激励对象。受薪董事、监事和中级、高级管理人员，以及总经理提名的骨干业务人员。

（2）考核条件。年净利润（NP）增长率超过 15%，全面摊薄的年净资产收益率（ROE）超过 12%；公司如果采用向社会公众增发股份或向原有股东配售股份的方式，当年每股收益（EPS）增长率超过 10%。

（3）激励规模。每年根据净利润增长率从净利润增额中提取激励基金。净利润增长率超过 15% 时，按增长率提取基金，但提取比例最高不超过 30%。

（4）行权条件。在满足激励条件时，公司委托资深国投从二级市场购入股票，经过一年等待期后，如果股票价格满足归属条件则交付股票，否则在下一年度再次测试是否满足归属条件；若符合则交付，不符合则取消交付。

二、什么是业绩股票

业绩股票是股权激励的一种模式，指在年初确定一个较为合理的业绩目标，让激励对象去实现，如果按时完成了预定目标，公司就授予对方一定数量的股票或提取一定的奖励基金让其购买公司股票。

通常，业绩股票的流通变现有时间和数量限制，在若干年内，激励对象经业绩考核通过，就能获准兑现规定比例的业绩股票；如果没有通过业绩考核或出现有损公司的行为，未兑现部分的业绩股票就会被取消。我国上市公司从 20 世纪 90 年代初开始探索和实践股权激励制度，业绩股票是应用最广泛的一种模式。

业绩股票之所以能够在我国公司中最先得到推广，主要原因在于：

首先，对于激励对象来说，采用业绩股票激励模式，其工作绩效与所获激励之间的联系是直接而紧密的；且业绩股票的获得仅取决于激励对象的工作绩效，不会涉及股市风险等不可控制因素。另外，激励对象最终获得的收益与股价有一定的关系，可以充分利用资本市场的放大作用，提高激励力度。

其次，对于股东来说，业绩股票激励模式对激励对象有严格的业绩目标约束。权、责、利的对称性较好，能形成股东与激励对象双赢的局面，较易被股东大会接受和通过。

三、业绩股票模式的特征

从本质上来说，业绩股票是"奖金"的延迟发放，只不过支付的方式从现金变成了股票，且对业绩的要求更高。但正是这点不同，弥补了普通意义上年终奖的缺点，能够取得长期激励的效果。业绩股票模式的特点主要有以下五个：

（1）年初公司给激励对象确定一个较为合理的业绩目标，确定与之对应的股票授予数量或激励基金提取额度，如果激励对象在未来的若干年内通过业绩考核，公司就会奖励他一定数量的股票或提取一定的奖励基金为其购买约定数量的股票。

（2）业绩股票的期限一般为 3~5 年。

（3）业绩股票会设置禁售期。通常，激励对象是董事会成员或高管人员，获得的业绩股票只有在离职 6~12 个月后才能出售；如果于激励对象是核心骨干员工，获得的业绩股票会设置三年的禁售期。

（4）业绩股票有严格的限制条件，如果激励对象的业绩没有达标，或者出现业绩股票合同中约定的有损公司的行为或自行辞职等问题，公司有权取消未兑现的业绩股票。

（5）设置风险抵押金。有些公司会设置风险抵押金，达不到业绩考核标准，激励对象不仅得不到业绩股票，还会被相应处罚。

四、业绩股票的优缺点

1. 业绩股票的优点

（1）能够激励关键人员努力实现业绩目标。

（2）具有较强的约束作用。激励对象要想获得奖励，首先就要实现一定的业绩目标；如果激励对象没有过年度考核，就会受到风险抵押金的惩罚或被取消激励股票，退出成本较大。

（3）业绩股票可以每年实行一次，能滚动循环地进行激励，激励范围的可调性较大。

2. 业绩股票的缺点

（1）业绩目标确定很难保证科学性，高管人员很容易为了获得业绩股票而弄虚作假；如果达到目标很容易，更无法起到激励效果。

（2）激励成本较高，可能给公司造成支付现金的压力。

五、业绩股票适用性

业绩股票只是对公司的业绩目标进行考核，不要求股价的上涨；对现金的成本压力较大，比较适合业绩稳定、需进一步提升业绩、现金流量充足的公司。

第二节　股票期权

一、案例

2010年1月22日泸州老窖完成了股票期权授予登记。

（1）激励对象。董事、高管及其他激励对象，共143人，支付1344万份股票期权，占总股本的0.96%。规定行权价不低于12.78元。

（2）行权条件。2011~2013年的每一年扣除非经常性损益后净利润比上年增长不低于12%；净资产收益率不得低于30%且不得低于同行业上市公司75位值，同时最近一年财务报告无否定或无法表示意见；最近三年合法合规及未受到证监会处罚及交易所谴责。

（3）行权安排。期权等待期为两年，行权期为等待期结束后三年分批行权。第一年行权比例为30%，第二年行权比例为30%，第三年行权比例为40%。行权需满足考核要求。在行权有效期内，激励对象获取的股权激励收益占本期股票期权授予时薪酬总水平（含股权激励收益）的最高比重不能超过40%。激励对象已行权的股票期权获得的股权激励实际收益超出上述比重的，尚未行权的股票期权不再行使。

二、什么是股票期权

所谓股票期权是指上市公司授予激励对象在未来一定期限内以预先确定

的价格和条件购买本公司一定数量股票的权利。激励对象有权行使这种权利，也可以放弃这种权利，但不能转让、质押或偿还债务。

在股票价格上升的情况下，激励对象可以通过行权获得潜在收益。当然，如果在行权期股票市场价格低于行权价，激励对象有权放弃该权利，不予行权。股票期权的最终价值体现在行权时的差价上。

从世界范围来看，股票期权模式是一种最经典、使用最广泛的股权激励模式。股票期权是金融衍生产品期权在经理人激励制度中的应用，产生于美国，最初只是一种对付高税率的变通手段，但激励效果明显大于避税效果。

股票期权在我国用得并不多，主要原因有两个：第一，股票期权在上市公司中使用最方便，但对于多数非上市公司来说，股票期权并不是最理想的模式，而我国的非上市公司较多；第二，对于上市公司来说，我国资本市场有效性较差，股价波动太随意，使用股票期权有较大的风险。

股票期权是一种看涨期权，经营者获得行权的日期为行权的授予日，行权授予日和股票期权到期日之间为行权期；在行权被授予后，经营者可行使期权购买股票。一般情况下，股票期权是无偿授予的。也有些公司在授予股票期权时，为了增加对经理人的约束力，要求经理人支付一定的费用，就是期权费。

三、股票期权的优缺点

1. 股票期权的优点

（1）股票期权只是一种权利而非义务，持有者在股票价格低于行权价的时候可以放弃权利，没有风险；

（2）股票期权需要在达到一定时间或条件的时候实现，为了促使条件达成或使股票升值而获得价差收入，激励对象必然会尽力提高公司业绩，可以起到长期激励效果；

（3）股票期权持有人得到的是企业新增价值，不会稀释公司原有资本存量。持有人在行权时，可以增加公司的现金流量；

（4）股票期权根据二级市场股价波动实现收益，激励力度较大；股票期权受证券市场监督，相对公平。

2. 股票期权的缺点

（1）行权有时间数量限制；

（2）激励对象行权需支出现金；

（3）为了自身利益，激励对象很容易采用不法手段抬高股价；

（4）高度依赖于股票市场的有效性。我国股票市场有效性较差，易受市场投机因素、政府宏观政策等突发事件的影响，经营者可能因不可控因素受到奖励或惩罚，与激励初衷相悖。

四、股票期权适用性

股票期权模式的特点是高风险、高回报，比较适合处于成长期或扩张期、初始财务资本投入较少、资本增值较快、人力资本依附性较强的企业，例如，高科技、网络、医药、投融资等行业。

首先，企业处于成长期，市场有较大的潜力，有效地激励员工，会使企业在市场上有更好的投资价值。其次，初创或扩张企业一般都无法拿出大量现金进行激励，通过股票期权，就能将激励对象的收益与二级市场的股价波动紧密联系在一起，降低企业当期激励成本，促进激励目的的达成。例如，Intel 公司从 1984 年开始面向高层管理人员授予股票期权；1999 年，Intel 对管理部门推荐或公司补偿委员会批准的高级管理人员授予股票期权。这一做法为 Intel 吸引并保留了大量行业内的顶尖人才，大大提高了公司的核心竞争力。虽然后期公司还采用了其他激励方法，但仍无法否认股票期权起到的巨大作用。

第三节　虚拟股票

一、案例

2015 年 5 月 6 日某公司发布了自己的虚拟股权激励计划：

（1）授予对象。包括公司高管、中层管理人员、业务骨干，以及对公司有卓越贡献的新老员工等。

（2）业绩条件。公司以年度净利润作为业绩考核指标。

（3）设定的每年业绩目标。年度净利润增长率不低于 20%（含 20%）。

（4）授予方式。在实现公司业绩目标的情况下，按照公司该年度净利润和虚拟股权占比核算和提取股权激励基金。即：

当年激励基金总额＝考核年度净利润×加权虚拟股权总数÷加权实际总股本

虚拟股权的每股现金价值＝当年激励基金总额÷实际参与分红的虚拟股权总数

个人实际可分配虚拟股红利＝虚拟股权每股现金价值×虚拟股股数

虚拟股权的授予数量，根据虚拟股权激励对象所处的职位确定股权级别及其对应基准职位股数，根据个人能力系数和本司工龄系数确定计划初始授予数量，根据年终绩效考核结果确定当年最终授予虚拟股权数量。即：

虚拟股权的初始授予数量＝基准职位股数×能力系数×本司工龄系数

虚拟股权的最终授予数量＝虚拟股权的初始授予数量×绩效考核系数

二、什么是虚拟股票

所谓虚拟股票是指公司授予激励对象一种"虚拟"的股票，激励对象可以据此享受一定数量的分红权和股价升值收益。如果实现了公司的业绩目标，被授予者就能据此享受一定数量的分红，但没有所有权和表决权，不能转让和出售，在离开公司时自动失效。如果虚拟股票持有人实现了既定目标，公司支付给持有人收益，既可以支付现金、等值的股票，也可以支付等值的股票和现金相结合。

三、虚拟股票的特点

虚拟股票与股票期权、期股有些类似，但虚拟股票只是一种账面上的虚拟股票，具有以下特点：

（1）股权形式的虚拟化和股东权益的不完整性。虚拟股权不同于普通意义上的企业股权，没有表决权，只有分红权和资本增值权，不会影响公司的所有权分布。

（2）虚拟股权由公司无偿赠送或以奖励的方式发放给特定员工，不需要员工出资。

（3）不涉及股票实际所有权的变化，激励对象可以非常广泛。

（4）因为获得分红收益的前提是实现公司的业绩目标，且收益是在未来实现的，因此对激励人员具有一定的约束作用。

四、虚拟股票优缺点

1. 虚拟股票的优点

（1）不影响公司的总资本和所有权架构；

（2）避免因变数导致公司股价的非正常波动，避免因股票市场不可确定因素造成公司股票价格异常下跌，从而对虚拟股票持有人收益的影响；

（3）支付方式灵活，可以是现金，也可以是等值的股票和股权，或是两者的结合；

（4）操作简单，只要股东会通过即可。

2. 虚拟股票的缺点

（1）兑现激励时现金支出较大；

（2）行权和抛售时价格难以确定；

（3）激励对象可能因考虑分红的因素，减少甚至于不实行企业资本公积金的积累，而过分地关注企业的短期利益。

五、虚拟股票的适用性

虚拟股票激励模式比较适合现金流量比较充裕的非上市公司和上市公司，可是不管是上市公司还是非上市公司，单独使用虚拟股票作为激励手段的企业都比较少，一般会将虚拟股票与其他激励模式结合起来，虚拟股票也能在一定时间和条件下转换为股票期权或期股等实际股票和股权。

虚拟股票操作简单，在非上市公司中也有很大的应用空间。只要达到规定的条件，就能分享虚拟股票的分红，且同样可以转换为股票期权、期股、业绩股票等实际股份。

在非上市公司中，华为曾很好地运用了虚拟股。华为从 1990 年开始实施员工持股计划，2001 年实施虚拟股权激励，此后的十多年间虚拟股权激励为华为的发展做出了很大的贡献。经过十多年的连续增发，华为虚拟股的总规模已达到 149.4 亿股，在华为公司内部，有 8 万多名员工持有股票，收益相当丰厚。

第四节　限制性股票

一、案例

2013 年用友软件实施了股票期权与限制性股票结合的股权激励方案，其中限制性股票方案如下：

（1）股票来源及数量。来源为公司向激励对象定向发行的用友软件 A 股股票。数量为向激励对象授予 1438.8694 万股公司限制性股票，占激励计划公告时公司股本总额的 1.5%。其中，首次授予 1296.8250 万股，占 1.352%；预留 142.0444 万股，占限制性股票总数的 9.87%，占股本总额的 0.148%。

（2）激励对象。高管 15 人，专家、中层管理人员、其他骨干人员共1626 人。

（3）股票价格。首次授予限制性股票的授予价格为 6.76 元，只要满足授予条件，激励对象就能以该价格购买公司向激励对象授予的公司限制性股票。

（4）解锁日。限制性股票激励计划的有效期为自限制性股票首次授予日起不超过五年。锁定期内，激励对象因获授的限制性股票而取得的红股、资本公积转增股份、配股股份、增发中向原股东配售的股份同时锁定，不能在二级市场出售或以其他方式转让，该部分股票的锁定期与获授的限制性股票锁定期相同。

（5）预留限制性股票的处理。预留的限制性股票将在激励计划首次授予日起一年内授予。获授预留限制性股票的激励对象需满足的条件同首次授予限制性股票的激励对象需满足的条件一致。

二、什么是限制性股票

所谓限制性股票是指上市公司按照预先确定的条件授予激励对象一定数量的公司股票，只有在工作年限或业绩目标符合股权激励计划规定的条件下，激励对象才能出售限制性股票并从中获益。

限制性股票激励模式具体又分为两种：一种是折扣购股型，另一种是业绩奖励型。

1. 折扣购股型

在折扣购股型模式中，激励对象需支付现金购股，采用定向增发的形式，根据期初确定的业绩目标，以低于二级市场上的价格授予激励对象一定数量的本公司股票，授予价格和确定方法由董事会下设的薪酬与考核委员会确定。

2. 业绩奖励型

在业绩奖励型模式中，公司需支付现金购股，是指当激励对象满足规定的激励条件时，上市公司从净利润或净利润超额部分中按比例提取激励基金，设立激励基金专门账户，从二级市场购买公司股票，并将该股票按分配办法授予激励对象。在该种激励方式下，公司支付现金需从税后利润中列出。

三、限制性股票特点

作为我国上市公司中使用最多的股权激励手段，限制性股票具有以下特点：

（1）有明确的目的性：一般分两种，较长的工作年限、需达到的业绩目标。

（2）常用于留住关键人才。

（3）一般有禁售期限。根据我国《上市公司股权激励管理办法（试行）》的规定，限制性股票自授予日起，禁售期不得少于一年。

四、限制性股票优缺点

1. 限制性股票优点

（1）留住激励对象。限制性股票一般会规定必须的服务年限或业绩目标，如果企业想留住某些关键人才，会在授予条件中表明具体的年限。若在限制性期限内离开企业，则获赠的限制性股票被没收。所以，企业可以采用限制性股票中的限制期间留住激励对象。

（2）即使股价下跌仍有价值。即使公司股价下跌，限制性股票仍有价值，只不过股票带来的价值变小了。而且，在获授限制性股票时，激励对象通常不需要支付现金。

2. 限制性股票缺点

限制性股票即使在股票价格下跌的时候仍有价值，会使激励性减弱，出现造成股东收益损失而激励对象仍然收益的情况。

五、限制性股票适用性

股票期权和限制性股票是我国证监会 2006 年颁布实施的《上市公司股权激励管理办法》中推荐的两种主要股权激励模式，与股票期权激励模式不同，限制性股票更适合成熟期的企业。这类企业的股价上涨空间有限，但限制性股票规避了股票大幅波动而使经理人"白干"的风险，因此是目前上市公司使用最多的一种股权激励模式。

此外，限制性激励也可以与其他激励模式配合使用，或强调业绩，或强调留住人才，适合企业的不同发展阶段。同时，激励制度的选择应兼顾激励对象的风险偏好程度，风险爱好者更青睐股票期权，而风险厌恶者更偏好限制性股票。

第五节　期股

一、案例

某企业为国有独资企业，净资产 6000 多万元，职工 1000 人，年销售收入 1 亿元，盈利能力强。实施期股激励的内容：

（1）激励对象。11 名企业内部高层管理人员及 4 名上级主管单位（企业）的管理人员。

（2）激励总额度。按照北京市每人最少出资 10 万元的规定，15 人共计拿出 200 万元投入企业购买实股。出资后，总经理可配得 4 倍即 80 万元的期股，其他人可配得相当于出资额 3 倍的期股。

（3）操作办法（如总经理）。总经理个人掏 20 万元购买实股，又配了 80 万元的期股，相当于企业借给总经理 80 万元钱，而以这 80 万元期股每年的分红偿还。但该总经理不能以现金形式领取这部分红利，要把红利交还企业用于把相同金额的期股转化成实股，转化期为一个任期 3 年（上海一般为 8~10 年）。如果想在三年内顺利完成本人所持期股向实股的转化，就要保证企业每年净资产收益率达到 33.3%，80 万元的税后分红达到 26.7 万元（80 万元×33.3%）。如果没有达到 33.3%，只达到 20%，总经理 80 万元的期股红利收入只有 16 万元，要拿自己 20 万元实股的红利收入来补充；补充后仍不足的，则要另外拿出个人资产补足。如果净资产收益率超过 33.3%，多出的红利转入第二年计算。

二、什么是期权

期股是企业成员通过部分首付、分期还款而拥有企业股份的一种激励方式，其实行的前提条件是企业成员必须购买本企业的相应股份。即企业贷款给企业成员作为其股份投入，成员对其有所有权、表决权和分红权。其中所有权是虚的，只有把购买期股的贷款还清后才能实际拥有；表决权和分红权是实的，但是分得的红利不能拿走，需要用来偿还期股。要想把期股变实，首先要企业经营好，有可供分配的红利。如果企业经营不善，不仅期股不能变实，还可能亏掉自己的投入。

期股是典型的带有中国特色的股权激励方法，是一种中国式的"持股计划"形式。2006 年前，我国多数企业无法解决股票期权计划的激励股票来源问题，因此北京和上海的一些国有上市公司就采用了期权这种变通做法。2006 年后，随着新《公司法》的修订，股票期权的激励股票来源问题得到解决，股票期权也成为上市公司中应用最多的激励方式之一，但是期股这种模式却越来越多地应用于非上市的民营企业和国有企业中。

三、期股模式的特征

期股模式的特征：

（1）公司和激励对象约定在将来某一时期内以一定价格购买一定数量的

股份。

（2）激励对象在被授予期股时，需要先以现金方式出资认购期股。现金出资这部分称为实股，认购部分称为期股。但是，实股和期股都不能马上兑现，需要先行取得实股和期股的分红权、配股权等部分权益。只有完全支付完购股款，才能取得完全所有权，成为公司股东；如果是非上市公司，则需要到工商部门进行股东变更登记。

（3）购股资金来源多样，可以是期股分红所得、实股分红所得和现金。如果本期分红不足以支付本期购股款项，需用其他资产或现金冲抵。其间，激励对象的任期和以分红回购期股的期限可以不一致。

（4）激励对象任期未满而主动要求离开，或在任期内未能达到协议规定的考核指标水平，都属于违约行为。一般会在期股合同中对这种情况进行约定，取消激励对象所拥有的期股股权及其收益，其个人现金出资部分作为风险抵押金也要相应扣除。

四、期股优缺点

1. 期股优点

（1）股票的增值和企业资产的增值、效益紧密连接，促使激励对象更加关注企业的长远发展和长期利益；

（2）能有效解决激励对象购买股票的融资问题；

（3）克服了一次性重奖带来的收入差距矛盾。

2. 期股缺点

（1）如果公司经营不善，激励对象反而有亏本的可能，降低了激励对象对期股的兴趣；

（2）激励对象的收益无法在短期内兑现。

五、期股适用性

期股的设计原理和激励原理都和股票期权模式相似，激励力度也比较大。

不同的是，期股具有一定的强制性，对激励对象的约束要强于股票期权，因此期股模式适用于所有适合用股票期权的非上市企业，包括非上市的国有企业及具有明确上市计划的非上市企业。

第六节　优先股

一、案例

2014 年底，"农行优 1 （360001）"在上海证券交易所挂牌转让。中国境内资本市场的第一只优先股由此诞生。其方案要点如下：

（1）面值：壹佰元人民币。

（2）发行价格：按票面金额平价发行。

（3）发行数量：总数不超过 8 亿股，募集金额不超过 800 亿元。

（4）发行方式：非公开发行。

（5）股息支付方式：股息以现金方式支付，每年支付一次。计息起始日为优先股投资者缴款截止日，即 2015 年 3 月 11 日。

（6）票面股息率的确定原则：以五年为一个股息率调整期，即股息率每五年调整一次，每个股息率调整期内每年以约定的相同票面股息率支付。首个股息率调整期的股息率通过询价方式确定为 5.50%。

（7）股息发放的条件：除非完全派发当期优先股股息，否则不会向普通股股东进行利润分配。

（8）转换安排：一级资本充足率降至 5.13%（或以下），则发行的优先股将全额或部分转为 A 股普通股，促使核心一级资本充足率恢复到 5.13%以上。在部分转股情形下，所有此次发行的优先股按比例以同等条件转股。

（9）回购安排：使用同等或更高质量的资本工具替换被赎回优先股，同时保持收入能力可持续；行使赎回权后资本水平仍明显高于中国银监会规定的监管资本要求时行使赎回权。

（10）担保安排：无担保安排。

（11）转让安排：不设限售期，发行后不能上市交易，将在上海证券交易所指定的交易平台进行转让。

（12）表决权恢复的安排：当农行累计三个会计年度或连续两个会计年度未按约定支付优先股股息时，股东大会批准当年不按约定支付优先股股息的利润分配方案次日起，优先股股东有权出席股东大会与普通股股东共同表决。

（13）募集资金投资项目：募集资金不超过 800 亿元，其中 2015 年募集资金不超过 400 亿元，依据适用法律法规和中国银监会、中国证监会等监管部门的批准，用于补充本行其他一级资本。

此次农业银行发行优先股的发行对象共 27 名。

二、何为优先股

优先股是相对于普通股而言的，是介于普通股和债券之间的一种混合证券，在利润分配及剩余财产分配的权利方面，优先于普通股。

优先股是一种灵活、创新的融资工具，早在 1825 年被工业技术发达的英国企业首先使用。随着工业革命的推进，于 1836 年左右传入美国，最早用于铁路建设的融资中。2008 年金融危机爆发时，优先股成为救市的主要手段之一。如今优先股在美国被广泛使用，优先股市场规模平稳发展。

在我国，优先股发展的速度比较缓慢。20 世纪 80 年代是优先股发展的萌芽阶段，此阶段公司发行的股票类似于现在的参与性优先股，不仅可以取得固定股利，还有权参与利润的分配。2006 年 1 月 1 日出台的《创业投资企业管理暂行办法》规定，允许创业投资企业以优先股的形式进行投资。2012年，证监会发起优先股制度的探讨，2013 年国务院决定开展优先股试点，颁布《优先股试点管理办法》，这些都为优先股的发展提供了便利条件。

优先股的主要特征：优先股股东没有选举权及被选举权，股息相对固定，不影响公司的利润分配；公司解散、分配剩余财产时，优先股的索偿权先于普通股，而次于债权人；优先股股利以公司的税后利润发放，没有抵税效应。

三、优先股的分类

不同的分类标准，有不同的优先股。

（1）累积优先股和非累积优先股。累积优先股是指如果公司盈利不足以分派规定的股利，日后对未给付的股息，有权要求如数补给。而非累积的优先股股东不能要求公司在以后年度中予以补发，即累积优先股比非累积优先股具有更大的优越性。

（2）参与优先股与非参与优先股。参与优先股在企业利润增大时，不仅可以享受既定比率的利息，还可以跟普通股共同参与利润分配。而非参与优先股没有这个权利。

（3）可转换优先股与不可转换优先股。可转换优先股允许持有人在特定条件下把优先股转换成为一定数额的普通股，而不可转换优先股不能转换。可转换优先股是日益流行的一种优先股。

（4）可收回优先股与不可收回优先股。可收回优先股是指，公司可按原来的价格再加上若干补偿金将已发行的优先股收回。反之，就是不可收回的优先股。

四、优先股的收回方式（见表8-1）

表8-1　优先股的收回方式

收回方式	说明
溢价方式	公司在赎回优先股时，虽然是按事先规定的价格执行，但由于很容易给投资者带来不便，因而发行公司经常会在优先股面值上再加一笔"溢价"
偿债基金	公司在发行优先股日时，从所获得的资金中提出一部分款项创立"偿债基金"，专用于定期赎回已发出的一部分优先股
转换方式	优先股可以按照规定转换成普通股

五、优先股优缺点

1. 优先股优点

（1）有利于股票市场的稳定。优先股是一种事先约定股息的股票，可以为股东提供较为固定的投资回报，使理性投资和长期投资成为可能，维持股票市场的稳定。

（2）能够提高公司的偿债能力。优先股股利的支付不会构成公司的法定义务，在公司财务状况不佳时，公司可以暂停优先股股利的支付，不会导致偿债危机及公司的破产。优先股筹资可以增加权益基础并改善原有的资本结构，从而提高公司的偿债能力；同时，不必提供抵押资产，可以保存公司的借款能力。

（3）回收灵活。优先股没有规定最终到期日，是一种永续性借款。其收回时间由企业决定，企业可以在有利条件下收回优先股票，非常灵活。

（4）不改变原有股东控制权。优先股票无表决权，虽在某些特殊情况下享有投票权，但不会参与公司的经营管理，不会稀释原有股东的控制权。

2. 优先股缺点

（1）资金成本高。优先股股利不能抵减所得税，其成本高于债务成本。这是优先股票筹资的最大不利因素。

（2）股利支付的固定性。优先股股利的支付具有固定性，当发行优先股数量过多或没有适当留取足够的利润进行分配时，会造成较大的资金压力，影响企业的扩大再生产。

六、优先股适用性

以下四类企业适用于优先股：

（1）商业银行等金融机构，可发行优先股补充一级资本，满足资本充足率的监管要求；

（2）资金需求量较大、现金流稳定的公司，发行优先股可以补充低成本的长期资金，降低资产负债率，改善公司的财务结构；

（3）创业期、成长初期股票估值较低的公司，或暂时现金流有困难的企业，通过发行优先股，可在不稀释控制权的情况下融资；

（4）进行并购重组的公司，发行优先股可以作为收购资产或换股的支付工具。

目前我国市场上发行优先股的主要是银行、电力等行业的企业，这些行业内的企业通常拥有较大的规模，如果有再融资的情形，会对二级市场形成较强的压力，而发行优先股就能减轻股权融资压力。

第七节　股票增值权

一、案例

华菱钢铁 2008 年的股权激励方案以限制性股票方案为主，同时为部分激励对象提供股票增值权方案。下面，我们就其中的股票增值权方案做介绍：

（1）激励对象：外籍董事、高管。

（2）激励标的：无须回购股票。

（3）授予价格：行权价为当次激励计划草案公布日前 30 日股票均价及前一交易日收盘价的价高者。

（4）有效期：五年，两年等待期和三年行权期。

（5）解锁或行权：在行权期内激励对象可择机行权。

（6）解锁条件：锁定期（等待期）为两年，在锁定期满后即进入三年解锁期，解锁比例分别为 40%、30% 和 30%。解锁的考核指标包括 ROE 和主营业务增长率。最后一批解锁或行权时，20% 的股票应根据其担任职务的任期考核或经济责任审计结果确定是否行权。

二、何为股票增值权

股票增值权是指公司授予激励对象的一种权利，如果公司股价上升，激励对象可以通过行权获得相应数量的股价升值收益，激励对象不用为行权付出现金，行权后获得现金或等值的公司股票。

从本质上来说，股票期权是一种选择权，这个权利被授予者可以使用，也可以放弃。

三、股票增值权优缺点

1. 股票增值权优点

（1）激励对象没有股票的所有权，不拥有表决权、配股权，不会稀释控制权。

（2）通过"市场请客，公司埋单"的方式，将公司长期利益与激励对象的利益联系起来；行权期超过任期，可以约束激励对象的短期行为。

（3）激励对象不用现金支出。

（4）操作简单，只要股东会批准即可。

（5）支付方式灵活，可以使用现金、股票支付或"现金+股票"组合。

2. 股票增值权缺点

（1）资本市场的弱有效性使股价与激励对象业绩关联不大，对绩效对象没有太大的激励性。

（2）公司的现金压力较大。

四、股票增值权适用性

股票增值权适用于非上市公司，或股权激励计划可得股票票数量有限，实施实际股权激励会造成较大稀释的企业。由于其会给公司带来现金支付压力，需要公司有充足的现金流或发展稳定。

与股票期权一样，股票增值权的有效性高度依赖于资本市场的有效性，而我国资本市场的有效性比较差，因此可以将股票增值权与其他激激励方式结合起来使用。但通过股票增值权来保值增值，确实是一种好方式。

第八节　账面价值增值权

一、案例

江苏中盈在 2012 年实施的账面价值型虚拟股权激励模式，具体如下：

（1）激励来源。自 2012 年开始，公司每年拨出一定比例的税后利润在企业内部成立基金作为实施期权激励计划的资金来源。

（2）激励总额。账面价值增值型虚拟股权的授予子总额确定为公司注册资本额 10%，即 100 万股。

（3）激励对象。公司高级管理人员、技术骨干、其他业务骨干。

（4）授予价格。按照 2012 年的每股净资产确定行权价格，经计算 2012 年度每股净资产为 2 元，所以行权价格确定为 2 元。

（5）行权时间。计划三年，2012～2014 年，每年的行权比例分别为 3：3：4。

二、何为账面价值增值权

账面价值增值权是指直接拿每股净资产的增加值来奖励激励对象。它不是真正意义上的股票，激励对象并不具有所有权、表决权和配股权。

账面增值权是股票增值权的方式，设计和操作要点与股票增值权基本一样。区别在于：股票增值权用股票的增值部分来奖励激励对象，账面价值增值权拿每股净资产的增值部分来奖励激励对象。长期来看，账面价值的增长与股价之间有很强的正相关关系，但又不会因不可控因素导致公司实际价值的偏离（见表8-2）。

表8-2　账面价值增值权的两种形式

形式	说明
购买型	激励对象在期初按股权实际价值购买一定数额公司股权，期末按实际价值回售给公司
虚拟性	激励对象在期初不需资金，公司授予一定数量的名义股份，在期末按照公司的每股净资产的增量和名义股权的数量来计算激励对象收益，并支付现金

三、账面价值增值权优缺点

1. 账面价值增值权优点

（1）有效避免股票市场因素对股票价格的干扰，激励效果不受股价影响；

（2）激励对象不用现金支出；

（3）方式操作简单，只需公司股东会通过即可。

2. 账面价值增值权缺点

每股净资产的增加幅度有限，无法产生较大激励作用。

四、账面价值增值权适用性

账面增值权应用更多的是在非上市的国有企业和民营企业中，尤其是在配合股改时效果会更好。在非上市公司中，如果账面增值权改为用股份支付，能达到更好的激励强度。

第九节　管理层收购（MBO）

管理层收购是指公司的经理层利用借贷所融资本或股权交易收购本公司

的一种行为，从而引起公司所有权、控制权、剩余索取权、资产等变化，以改变公司所有制结构，通过收购使企业的经营者变成了企业的所有者。

例如，方大集团股份有限公司，同行业中首家同时有 A 股、B 股的上市公司，为我国目前规模最大的从事新材料产品开发、生产、经营的高新技术企业。集团董事长熊建明在管理层收购前就是公司股东。方大集团前身是深圳方大建材有限公司，成立于 1994 年 3 月，股东是方大集团和熊建明。后经股份制改组后股东变更为方大集团、香港集康公司、粤海公司等。而持股 8.56% 的香港集康国际有限公司也是由熊建明持有 98% 的股份。方大集团管理层收购启动于 2001 年，历时半年左右，本次管理层收购特点之一就是不涉及国有股权转让。

方大集团的管理层收购实施过程如下：

1. 设立收购平台

方大集团管理层收购平台公司分别是邦林公司（其中熊建明持股 85%）和时利和公司，时利和公司是方大集除熊建明之外的其他高层管理人员及技术骨干共同出资成立的公司，成立时间为 2001 年 6 月 12 日。

2. 协议收购

2001 年 6 月 20 日，经发公司将其所持有的 4890 万股深方大法人股转让给邦林公司，占总股本 16.498%，每股转让价格 3.28 元（低于每股净资产 3.45 元），转让总金额为 16039.2 万元。2001 年 9 月，经发公司将其所持有的 4711.2 万股方大集团法人股转让给时利和公司，每股转让价格为 3.08 元（低于每股净资产 3.45 元），转让总金额为 14510.496 万元。此后，经发公司不再持有方大集团的股份，而邦林公司和时利和公司分别持有深方大 6000 万股和 4711 万股，成为公司的第一大和第二大股东。熊建明通过此次收购后，成为公司实际控制人。

3. 融资方式

根据公司董事会公告，本次收购人受让公司法人股的资金由收购方自行解决。根据公司公告内容不难看出，深圳方大融资主要来源于以下三个方面：

（1）贷款融资。2001 年 8 月 4 日，第一大股东邦林科技以其所持有的方大集团法人股 4890 万股（占总股本的 16.49%）向银行进行质押贷款，质押期为三年；2001 年 11 月 12 日，第二大股东深圳市时利和投资有限公司以其所持久有的方大集团法人股共计 4200 万股（占总股份的 14.17%）向银行进行质押贷款，期限为三年。通过股权质押，套出资金，避免管理层的巨额收购出资。

（2）转让股票收益。根据中国证监会《关于核准方大集团股份有限公司非上市外资股上市流通的通知》，由香港集康（熊建明控股）所持有的公司非上市外资股 2535.8 万股已获中国证监会批准转为上市流通外资股。

（3）现金分红。按照 2001 年公司股本结构，邦林公司可以获得现金分红 600 万元，投资收益率为 3%；时利和公司可以获得 471 万元，投资收益率为 3.2%；其中熊建明个人可以获得 720 万元。

方大集团是完全的管理层收购，因不涉及国有产权转让故无须国有资产管理部门审批，大大缩短了收购完成时间。在整个管理层收购过程中，公开透明和规范成为其成功的主要因素。

第十节　员工持股计划（ESOP）

员工持股是指员工直接持股，即被激励对象以其本人名义直接持有公司股权。

"新三板"挂牌公司联讯证券（830899）2015 年 1 月 23 日晚间公告了其第一期员工持股计划。联讯证券成为新三板市场中首个公告员工持股计划的挂牌公司。

联讯证券员工持股计划设立后委托中信信诚资产管理有限公司管理，并全额认购由中信信诚资产管理有限公司设立的中信信诚联讯启航 1 号专项资产管理计划（以下简称"启航 1 号资管计划"）的次级份额。

1. 定人方面

此次联讯证券员工持股计划的参加对象为截至 2014 年 12 月 31 日公司全体在册正式员工，总人数不超过 1025 人，其中公司董事、监事和高级管理人员认购份额占员工持股计划总份额的初始比例不超过 25.37%。联讯证券参考了高科技企业中盛行的全员持股理念，将此次员工持股计划的覆盖面扩大到全体在册员工。

2. 定量方面

此次联讯证券员工持股计划全部份额对应标的股票总数不超过 5716 万股，占公司现有股本总额的比例不超过 4.71%。由于联讯证券目前无实际控制人，持股比例最大的股东海口美兰国际机场有限责任公司持股比例为 28.38%，未来启航 1 号资管计划将成为公司第六大股东。

3. 定时方面

启航 1 号资管计划所获标的股票的锁定期为 12 个月；本员工持股计划的存续期为 24 个月。

4. 定价方面

启航 1 号资管计划认购公司标的股票的价格为 1.46 元/股。该价格相较于公司每股净资产 1.25 元/股略有上浮。

5. 股份、资金来源

本次联讯证券员工持股计划股份来源为公司向启航 1 号资管计划定向发行的新股。"启航 1 号资管计划"按照 1∶1.5 的比例设立次级份额和优先级份额，优先级份额按照 10.7% 的年基准收益率按实际存续天数优先获得收益。员工出资认购次级份额，员工出资总额不超过 8345.36 万元。

联讯证券实施的员工持股计划则开创了"新三板"挂牌公司实施员工持股计划的先河。联讯证券不仅突破性地采用了在 A 股上市公司员工持股计划中未获通过的杠杆融资参与定增模式，还利用"新三板"企业定向增发自主性的定价特点，将此次员工持股计划定向增发价格控制在了一个较低的水平上，给予了公司员工更大的利益空间及抗风险能力。

联讯证券的股权激励计划，充分体现了"新三板"市场得天独厚的制度红利及市场化运作丰富的想象空间，但金融企业的员工持股计划仍存在一定的推进阻力，需要通过进一步明确、完善相关法规，最大限度地发挥股权激励之员工持股计划对于金融企业的推动作用。

第九章

股权激励的九大要素

第一节　定数量

确定股权激励计划的数量包括股权激励计划的总量和单个激励对象所获得的股权激励数量。如果是分阶段的股权激励计划，还要根据公司战略和业务规划确认公司需留存的股权激励数量。

一、确定股权激励总量的考量因素（见表9-1）

表9-1　确定股权激励总量需要考虑的因素

因素	说明
法律的强制性规定	确定股权激励的总量，首先就要遵守法律的强制性规定。通常，法律法规政策对股权激励总量的下限没有明确规定，但对上市公司股权激励的上限有所限定，例如，上市公司授予激励对象的股权激励股份的总额度不能超过公司总股本的10%。对于非上市公司来说，法律并没有强制性规定股权激励的总额度，非上市公司可以根据自身情况酌情决定股权激励的总额度

因素	说明
企业的整体薪酬规划	激励对象的股票期权收益是激励对象整体薪酬的一部分，在设置股权激励额度时，要考虑到企业现有薪酬及福利水平。通常，规模较大、处于成熟阶段的公司，工资、奖金和福利待遇都比较好，股权激励数量就不会太大；而规模小、处于初创期或快速成长期的企业，工资、奖金和福利待遇就不太好，发展前景还不明朗，授予的股权激励数量就要多一些。另外，如果拟激励的激励对象比较多，为了保持一定的激励力度，可以扩大股权激励的激励总额；如果拟激励的激励对象比较少，则可以减少股权激励的激励总额
企业控制权和资本战略	实施股权激励，必然会稀释原有股东的控制权，因此在确定股权激励总量时，一定要注意企业控制权的问题。同时，还要为企业未来的资本战略入股权融资、并购重组等预留空间
企业的规模与净资产	同等比例的股权，规模大、净资产高的企业肯定比规模小、净资产低的企业收益高，因此，企业要根据自身规模与净资产状况来确定合理的比例额度，既起到激励作用，又不过度激励。例如，大型房地产公司要实施股权激励，只要拿出5%的股份就足够；如果是创业期的软件公司，5%的股份还远远不够
企业设定的业绩目标情况	如果行权条件设置的业绩目标比较高，可以提高激励额度。因为更高的业绩目标需要激励对象付出更多的努力，而且如果激励对象实现了行权业绩目标，公司也会获得更大收益

二、确定股权激励总量的方法

股权激励数量的确定直接关系到激励力度和企业控制权的问题。股权激励数量过少，一般都无法起到激励的效果；如果股权激励的数量太高，必然会影响公司控制权的安排，影响公司后续的资本运作。因此，科学合理的股权激励数量决定着股权激励计划的成败。常用来确定股权激励总量的三种方法如下：

1. 将留存股票的最高额度作为股权激励总量

这种方法最简便易行，但也存在缺点：

（1）额度一旦确定，企业将很难从现有股东手上争取到更多股权，一旦用完这一额度，企业将无法继续使用股权激励来吸引新员工；

（2）因为额度有限，不同时间进入公司的员工，获得的股权激励数量就会存在很大的差异，老员工会获得较多的股权激励，后来的员工获得的股权激励数量会越来越少。如此，企业就无法从员工对公司的贡献或自身价值的角度进行解释，缺乏公正性和说服力。

2. 以员工总薪酬水平为基数来确定股权激励总量

企业可以以员工总体薪酬水平作为基数乘以系数来决定股权激励的总量，公式为：股权激励总价值=年度总薪金支出×系数。

至于系数的确定，可以根据行业实践和企业自身情况来决定。研究表明，在实行股权激励的公司中，工作十年以上的员工所拥有的公司所有权价值是其年薪的 15 倍；二十年以上的是四倍。实行股权激励的公司，每年的股权支出是其总薪金支出的 1/10 到 2/100。

采用股权激励总量与员工总体薪水平挂钩的方式，不仅能让企业在股权激励的应用上有较大的灵活性，还可以保证激励总量与企业的发展同步扩大。

3. 基于企业业绩来确定激励总量

企业设立几个高低不同的业绩目标，在规定的期限内达到哪个目标，董事会就授予管理层和员工相应比例的股权。这种方式更符合股权激励的目的，但需要注意的是：业绩目标的设置要合理，股权激励额度要与业绩目标的实现难度相匹配。

三、股权激励中个人激励额度的确定

单个激励额度的确定，就是在企业激励总量范围内，明确每个激励对象可以获得的股权激励数量。

1. 确定股权激励个量的考量因素

（1）法规的强制性规定。对于上市公司实施股权激励的激励对象个人的授予额度，中国证监会规定，"非经股东大会特别决议批准，任何一名激励对象通过全部有效的股权激励计划获授的本公司股票累计不得超过公司股本总额的 19%";《关于规范国有控股上市公司实施股权激励有关问题的补充通知》中规定，"在行权有效期内，激励对象股权激励收益占本期股票期权（或股票增值权）授予时薪酬总水平（含股权激励收益，下同）的最高比重、境内上市公司及境外 H 股公司原则上不得超过 40%，境外 H 股公司原则上不得超过 50%"。对于非上市公司来说，法律并没有强制性规定股权激励对象的授予额度限制，完全可以根据自身情况酌情决定员工个人激励额度。

（2）兼顾公平和效率。激励计划的公平公正，不仅体现在公平公正选拔纳入股权激励的员工人选，还体现在激励对象之间对股权激励总额度的具体份额的分配上。各激励对象具体可获得的激励额度，应该按照其对公司的贡献和重要性来确定，要体现出一定的区别。

（3）激励对象的薪酬水平。激励对象所获的个人额度，应该与其之前的薪酬情况相适应，不能出现薪酬水平低的激励对象所获的激励份额反而超过了薪酬水平高的激励对象所获的激励份额的情况。此外，预期的期权收益带来的与其他未纳入激励计划员工之间的收入差距问题，也是确定股权激励个量时要考虑的因素，若差距太大，会对其他员工的积极性产生不利影响。

（4）激励对象的不可替代性。激励对象的不可替代性越强，越要对该激励对象赋予更多的股权激励份额，反之亦然。同时，公司业绩对激励对象的依赖程度越高，则授予的股权激励份额也要越多，反之亦然。

（5）激励对象的职位。激励对象的职位越高，授予的股权激励份额越多，反之亦然。例如，惠普公司董事局主席持有 10 万股，首席执行官 775 万股，普通工程师 1 万股左右，员工约为 0.2 万股。

（6）激励对象的业绩表现。激励对象的业绩表现越好，工作重要程度越高，则授予的股权激励份额越多。

（7）激励对象的工作年限。通常情况，激励对象在公司工作年限的长度和学历程度也是确定授予股权激励份额的一个考量因素。

（8）竞争企业的授予数量。要使股权激励达到激励效果，就要让人才得到的收益达到或超过其期望值。为了留住和激励人才，企业提供的长期激励性报酬必须具备一定的市场竞争力，所以一定要参考同行业竞争对手的授予数量。

2. 确定股权激励个量的方法

确定股权激励总量后，企业要具体计算决定各个激励对象具体的股权激励数量，主要方法有三种：直接评判法、期望收入法、分配系数法（见表 9-2）。

表 9-2　股权激励个量的三个方法

方法	说明
直接评判法	这种方法比较直接，是最简单和最粗糙的一种激励方法。即董事会综合评判后直接决定每个激励对象的股权激励数量。我国的非上市企业采用这种方法的情况居多
期望收入法	期望收入法是通过预先设定激励对象股权激励收入的期望值，并预测股权激励到期时的每股收益，来测算应该授予激励对象的股权数量。具体计算方法是，先假定激励对象行权时应获得几倍年薪的期望收入，再预测行权时的每股收益，用期望收入除以每股收益即得出应授予的股权激励数量。计算公式为： 个人股权激励数量＝股权激励收益期望值÷预期每股收益＝个人年薪×倍数÷预期每股收益
分配系数法	这种方法是通过建立相关评价模型，主要是价值与贡献的评价模型。就每位激励对象对企业的价值与贡献进行评分获得分配系数，并按照其分配系数在全部分配系数中的比例进行股权的分配。计算公式为： 个人激励额度＝激励总量×激励对象个人分配系数÷公司总分配系数 公司总分配系数＝∑个人分配系数 个人分配系数＝人才价值系数×20％+薪酬系数×40％+考核系数×20％+司龄系数×20％

第二节　定对象

股权激励的对象是谁？是那些不拥有股权的员工。

俗话常说"铁打的营盘流水的兵"，公司的持续高效发展，离不开员工的共同努力和通力合作，而员工流动性的增强，会直接给企业的发展造成损失。自古以来，核心人才都是企业发展中的战略高地，资本追逐的核心也是人才，而股权激励则是与人才息息相关的战略措施。

可是，在一家公司，除了创始股东之外的其他人都不拥有股权，在进行股权激励时，到底是全员激励，还是确定一定的标准来筛选激励对象呢？如果确定一定的标准，这种标准又应当如何确定？尤其是对于一些非销售类的岗位，如何来确定其贡献呢？另外，确定激励对象是否需要进行价值观考核？由此可见，确定激励对象是一个非常复杂而精细的工作，而如何确定激励对象则是股权激励计划中的重要一环。

一、上市公司的股权激励对象

1. 明确股权激励对象的原则

企业在计划股权统筹与布局，确定要激励的人员时，要综合考虑以下三个方面：

（1）当前的组织架构。基于公司目前的组织架构来考虑，是确定激励对象的首要因素。公司的组织架构，包括研发中心、营销中心、股东服务部、客户中心、咨询中心、人力行政部、企划部、财务中心和总裁办。凡是中心负责人、部门负责人，都应纳入股权激励的范围。

（2）五年以后的组织架构。确定激励人员时，要基于五年以后的组织架构来考虑。也就是说，当前确定的激励制度，不仅要激励上面提到的这些人，还要考虑到公司五年后的组织规划，为今后进入的人才预留位置。如果五年后的组织架构是这样的：多出一个行政部、一个品牌事业部、各种委员会，就要根据组织架构的现在和未来，确定激励哪些人。

（3）公司的发展战略。确定激励的人员，还要基于企业的发展战略来考虑。激励企业上下游、激励投资者、激励"明日黄花"等，都要根据企业的战略规划而定。

2. 明确激励对象

企业在综合统筹之后，就要明确股权激励时具体激励谁、激励什么样的人。

（1）总裁、CEO。原则上，总裁、总经理、CEO 等必须受到股权激励。这里有一种情况需要特别注意。例如，你和几个兄弟一起合伙做企业，除你之外，其他几个人只出钱但不在企业工作；或者他们曾经在企业里工作过，但后来因为价值观或能力问题等，慢慢退出了公司。这些人是否需要受到股权激励？答案是，必须对他们进行股权激励。

（2）团队负责人。对企业的业务团队负责人，必须进行股权激励，尤其是在小企业中。如果感觉看不准，对个人能力、品行等不能确定，可以用虚拟股权激励的方式，不到工商局注册，只把利润的一部分拿出来进行分配。对非业务团队的负责人，例如，财务总监、研发总监、客服总监，也要进行股权激励。他们都可以成为企业的股东，但不一定到工商局注册，可以采用虚拟股权进行激励。

（3）"明日黄花"。何谓"明日黄花"？就是企业初创时，他们为企业尽心竭力，无私奉献；但是随着企业的不断发展、壮大，他们已经不能胜任，甚至开始阻碍企业的发展。不要觉得这些人没用了就将他们踢开，试想，如果踢开了这些跟着你多年、为企业做出贡献的人，其他人会怎么想？所以，对这类人群要进行股权激励，这不仅是企业家道德的问题，更是一种商业智慧。

（4）上下游。将企业的上下游紧密捆绑在一起，形成一条产业链。同行只是这个产业链上的一个点，而你在经营整条产业链，掌握着话语权。

此外，不仅要激励上下游，还要激励行政部门的相关人员，激励圈子以外的所有利益相关者。通过努力，形成一个点、线、面的结合体，逐渐提高整体力量，其他人自然就无法与你的企业竞争与抗衡了。

二、非上市公司的股权激励对象

非上市公司选择股权激励的对象不能盲目照搬上市公司规定，尤其是

"轻资产"的科技企业更是如此。这些企业无房、无地，最重要的资本就是人力资源，是创始人团队、股东团队、技术管理团队，倚重的是团队的个人能力和协同合作。在实施股权激励计划时，更应当关注激励对象的选择，尽可能减少对人合性的破坏。

在实践操作中，必须充分注意非上市公司的人合性特征，需要结合动机理论，可以从三个方面甄选激励对象：人合性、优势需求层次、同业竞争的排除。

三、股权激励对象如何确定

1. 确定依据

要根据公司的情况来确定，例如，公司高管、核心技术人员、核心人才，或全员等。

2. 激励对象

股权激励计划的激励对象可以包括公司的董事、高级管理人员、核心技术（业务）人员，以及公司认为应当激励的其他员工，但不能包括独立董事。下列人员不能成为激励对象：

（1）最近三年内被证券交易所公开谴责或宣布为不适当人选的。

（2）最近三年内因重大违法违规行为被中国证监会予以行政处罚的。

（3）具有《中华人民共和国公司法》规定的不得担任公司董事、监事、高级管理人员情形的。

此外，还有一些特殊情形：

（1）除以上要求之外，国有控股上市公司的监事以及由上市公司控股公司以外的人员担任的外部董事，暂不纳入股权激励计划。

（2）国有控股上市公司的母公司的负责人在上市公司担任职务的，可以参加股权激励计划，但只能参与一家上市公司的股权激励计划。

（3）在股权授予日，任何持有国有控股上市公司 5% 以上有表决权的股份的人员，未经股东大会批准，不得参加股权激励计划。

第三节　定模式

　　股权激励的模式有很多，选择适合自己企业的股权激励模式，是股权激励的核心问题，它直接决定着股权激励的效果。因此，要根据公司的实际情况与公司未来的战略安排等来确定激励模式的选择。

一、上市公司股权激励模式

　　股权激励是上市公司进行市值管理的内容之一，也是非上市公司吸引和留住人才的重要手段。

　　1. 选择股权激励模式的原则（见表9-3）

表9-3　上市公司选择激励模式要遵守的原则

原则	说明
同类而不相同	即使是同样的股权激励模式，各企业的实际情况不同，激励的力度和节奏也各不相同。例如，A公司和B公司都选择股票期股模式，A公司员工工资高，利润也比较丰厚，激励对象每年的分红比较多，大股东及公司不用向激励对象提供贷款，其期股的偿还期分为三年，锁定期为两年。而B公司员工工资较低，近期利润比较少，激励对象每年的分红比较少，公司大股东为激励对象提供部分贷款，期股的偿还期分为四年，锁定期为三年
激励力度与激励期限适中	每个股权激励模式各有其优点，也有不足，而每个企业也是各不相同的，因此要保障股权激励的效果和可行性，一定要考虑到激励对象的整体报酬水平和结构特点；另外，行权期限的长短设置也会增强或减损激励的效果。目标过高，期限过长，会让激励对象感到遥遥无期，没有取得感，削弱激励满意度；目标过低，期限过短，会让激励对象只注重短期利益而影响企业的长期发展。所以，一定要找到一个平衡点

原则	说明
激励与约束对等	没有义务的权利和没有权利的义务都是不公平的，给予股权激励对象的激励额度越大，员工的动力也就越大。如果员工为了达成考核目标绞尽脑汁，甚至不择手段，很可能会出现一些持股人抛售套现抽身走人的短期行为。因此，给予激励对象利益的同时，要制定相应的约束条件，引导激励对象自觉地将个人短期利益与企业的长期利益结合起来
公正而不公开	股权激励要公正地对待所有员工，不能因为性别、出生地域、长相、家庭背景及私人感情的好恶来区别，只能以该员工是否有助于企业的长期发展为标准来衡量。现实生活中大家都希望公平公正，但是每个人的判断尺度是不同的，很多人会高估自己的能力和贡献，会严重损害股权激励的效果。所以最好的方法就是，让每个人只关注个人利益的纵向提升而不去与别人比较，使激励对象之间无法比较
与时俱进	在不断发展的过程中，企业的规模、治理结构、经营战略和营利状况等也在不断发生变化，所以同一个企业在不同时期其股权激励模式也要相应地变化，针对企业的具体情况选择最合适的股权激励模式

2. 激励模式

股权激励的模式（或称股权激励的工具）包括股票期权、限制性股票（权）、虚拟股票（权）、股票增值权、账面价值增值权、业绩股票、延迟支付、管理层收购、员工持股计划等。实践中，最常用的主要有股票期权、限制性股票、虚拟股票（权）、股票增值权、业绩股票、员工持股计划。

（1）股票期权模式。股票期权激励方式在上市公司与非上市公司中都被广泛使用。股票期权实际授予激励对象一种可期待的选择权，在不确定的市场中实现预期收益，企业不会为此支付现金，能够降低激励成本，激励效果较好，同时还能加快公司实现短期经营目标。该模式的最大弊端是容易造成股权分散，降低公司决策效率，减损企业价值，激励效果不持久。这种模式主要适用于初始资本投入较少、资本增值较快、在资本增值过程中人力资本增值明显的初创型、高新型公司。

（2）限制性股票模式。这种模式在上市公司与非上市公司得到普遍适用，主要适用于成长性较好、业绩较为稳定、股价市场波动不大、现金流比较充足且具有分红偏好的公司。限制性股票的特点是：一是见效快。员工在短时间内就能成为公司股东，激励效果更为长久。二是风险小。限制性股权激励极大降低了股权激励行权获益的风险。

（3）虚拟股票模式。虚拟股票在上市公司应用较多，典型代表如华为公司。虚拟股票并不是实际认购或持有公司股票，仅是获取企业未来分红权的凭证或权利。虚拟股票具有内在约束力和激励性，持有者需努力经营并创收，使企业不断盈利，才能获得更多收益。这种模式比较适合于增长较快、现金流较充裕的非上市公司和上市公司。

（4）股票增值权模式。股票增值权模式操作简单，不用解决股票来源问题。但激励对象并不能获得真正意义的股票，收益完全由市场决定，激励效果较差。收益来源一般由公司提取一定的激励基金，面临现金支付压力。这种模式主要适用于现金流较充裕、具有较大成长空间的公司。

（5）账面价值增值权。账面价值增值权不是真正意义上的股票，没有所有权、表决权、配股权。此模式可以有效避免股票市场因素对股票价格的干扰，是一种与证券市场无关的激励模式；账面价值增值权不能流通、转让或继承，员工离开企业，就会失去其权益，有利于稳定员工队伍；操作简单、方便、快捷。

（6）业绩股票激励模式。从一定程度上来讲，业绩股票是一种"奖金"的延迟发放，但它是根据被激励者完成业绩目标的情况，以普通股形式支付给经营者的长期激励机制。此种模式适用于业绩较稳定、绩效管理体系较成熟的公司。

（7）延迟支付、绩效单位。延期支付实际上是延期支付管理人员奖金的一种方式，也是管理人员直接持股的一种机会和可能，体现了有偿授予和逐步变现，以及风险与权益基本对等的特征，具有明显的激励效果。

（8）管理层收购。管理层收购主体一般是本公司的高层管理人员，收购资金来源分为两个部分：一是内部资金，即经理层本身提供的资金；二是外部资金，即通过债权融资或股权融资。收购完成后，收购主体会成为公司股东，达到经营权和控制权的高度统一。

（9）经营者/员工持股计划。经营者/员工持股技术属于一种长期激励模式，经营者或员工购买本公司股票，就能拥有企业的所有权，分享收益权。截至目前，推行员工持股计划的上市公司已有几百家，在此不予赘述。

二、非上市公司股权激励模式

非上市公司的股权激励没有专门的法律法规予以规定，设计和实施比较灵活，只要不违反《公司法》《合同法》《劳动合同法》，且达到企业战略目的，都可以实施。

1. 向员工分享企业受益的公司——虚拟股票模式

虚拟股票模式是指公司授予激励对象一种虚拟股票，据此享受一定数量的分红权和股价升值收益。实现了公司的业绩目标，被授予者就能据此享受一定数量的分红，但没有所有权和表决权，不能转让和出售，离开公司时自动失效。

2. 员工成为股份的公司——股票赠与或购买计划模式

企业将部分股票赠与或出售给特定员工，增强员工的积极性，提高工作效率。

3. 业绩导向分享共担的公司——期股计划、认股权等模式

一方面，员工达到一定的业绩条件才能获得股票；另一方面，员工的收益不确定，需要员工和企业一起努力。

第四节　定来源

定来源是指确定激励股票的来源和购股资金的来源问题。激励股票的来源设计直接影响着原有股东的权益、控制权、公司现金流压力等；而购

股资金的来源则对股权激励计划的激励对象也是非常现实的问题。因此，激励股票来源与购股资金来源的设计是否合理直接关系着股权激励计划的成效。

一、上市公司股权激励股票来源

关于股权激励的来源，《上市公司股权激励管理办法（试行）》规定："拟实行股权激励计划的上市公司，可以根据本公司实际情况，通过以下方式解决标的股票来源：①向激励对象发行股份；②回购本公司股份；③法律、行政法规允许的其他方式"。

我国上市公司股权激励的来源方式主要有定向增发、回购股票、股票转让等三种，独立选择任何一种方式都各有优缺点，最好将多种方式组合运用。

1. 定向增发

定向增发是指上市公司向符合条件的少数特定投资者非公开发行股份，发行对象不得超过 10 人，发行价不得低于公告前 20 个交易日市价均价的 90%，发行股份 12 个月内不得转让。

2006 年证监会推出的《再融资管理办法》（征求意见稿）中，关于非公开发行，除了规定发行对象不得超过 10 人，发行价不得低于市价的 90%，发行股份 12 个月内（大股东认购的为 36 个月）不得转让，以及募资用途需符合国家产业政策、上市公司及其高管不得有违规行为等外，没有其他条件。也就是说，非公开发行并没有盈利要求，即使是亏损企业也可申请发行。

定向增发包括两种情形：一种是大投资人想成为上市公司战略股东、甚至成为控股股东的。以前没有定向增发，要入股，只能向大股东购买股权。另一种是通过定向增发融资后去并购他人，迅速扩大规模（见表 9-4）。

表9-4　按照定向增发的对象、交易结构分为三种模式

模式	说明
资产并购	企业上市受到市场的热烈认同，例如，太钢公布整体上市方案后股价持续上涨，理由主要在于：整体上市对业绩的增厚作用，减少了关联交易与同业竞争的不规范行为，增强了公司业务与经营的透明度
财务型	主要体现为，通过定向增发实现外资并购或引入战略投资者。财务性定向增发其意义是多方面的：首先，有利于上市公司便捷地实现增发事项，抓住有利的产业投资时机；其次，是引进战略投资者、实现收购兼并的重要手段
增发与资产收购相结合	上市公司在获得资金的同时反向收购控股股东优质资产，是比较普遍的一种增发行为。对于整体上市存在明显的困难、控股股东拥有一定的优质资产、存在一定变现要求的上市公司，这种增发行为能够迅速收购集团的优质资产，改善业绩空间或公司持续发展潜力

2. 回购股票

回购股票是指上市公司利用现金等方式，从股票市场上购回本公司发行在外的一定数额的股票。公司在股票回购完成后，可以将所回购的股票注销。但在绝大多数情况下，公司会将回购的股票作为"库藏股"保留，不再属于发行在外的股票，不参与每股收益的计算和分配。我国《公司法》规定，公司只有在以下四种情形下才能回购本公司的股份：减少公司注册资本；与持有本公司股份的其他公司合并；将股份奖励给本公司职工；股东因对股东大会作出的合并、分立决议持异议，要求公司收购其股份。

回购方式主要有：场内公开收购和场外协议收购；举债回购、现金回购和混合回购；出售资产回购或利用债券和优先股交换；固定价格要约回购和荷兰式拍卖回购；可转让出售权回购。

3. 股权转让

股权转让是指公司股东依法将自己的股东权益有偿转让给他人，使他人取得股权的民事法律行为。这是一种物权变动行为，股权转让后，股东基于股东地位而对公司所发生的权利义务关系全部同时移转于受让人，受让人因此成为公司的股东，取得股东权。

（1）股权转让方式。有限责任公司股东转让出资的方式有两种：一种是股东将股权转让给其他现有的股东，即公司内部的股权转让；另一种是股东将其股权转让给现有股东以外的其他投资者，即公司外部的股权转让。

（2）股权转让实务操作。股权转让的实施，可以依两种方式进行：一种方式是，先履行上述程序性和实体性要件，与确定的受让人签订股权转让协议，使受让人成为公司的股东；另一种方式是，转让人与受让人先行签订股权转让协议，由转让人在公司中履行程序及实体条件。

二、非上市公司赋权激励股票来源

非上市有限责任公司不能通过回购公司的股份来用于股权激励，只能有两种途径取得股权：一种途径是原有股东转让部分股权作为股权激励的股权来源；另一种途径是公司经过股东大会2/3以上持股股东决议同意后，采用增资扩股的方式进行股权激励，行权后公司进行注册资本的变更。

非上市公司激励对象取得股权激励标的没有法律的强制性规定，其资金来源有多种途径，激励对象购买股权激励标的的资金来源有以下三种。

1. 激励对象自筹资金

在非上市公司按注册资本金或每股净资产的一定优惠折扣，授予激励对象激励标的的股份时，要求激励对象自筹资金购买公司股份，公司在授予其激励标的的股份时已经进行了一定的折让。

2. 从激励对象的工资或奖金中扣除

如果激励对象不愿掏腰包购股，公司可以从其工资或奖金中扣除一部分，作为购买股权激励激励标的的资金。当然，采用这种方式要取得激励对象的同意。

3. 公司或股东借款给激励对象或为激励对象的借款提供担保

在非上市公司中，法律并不限制公司或股东借款给激励对象或为激励对象的借款提供担保以便于激励对象购买股份，可以采取这种方式来为激励对象筹集资金。

第五节 定价格

行权价格是指股权激励计划中确定的激励对象在未来行权时购买股票的价格。行权价格与股票市场价格之间的差价是股权激励制度的关键所在，因此，行权价格是否合理关系到整个股权激励计划的成败。

一、上市公司股权激励行权价格的法律规定

上市公司股权激励计划涉及公众股东的利益，需要遵守法律的强制性规定：

根据《上市公司股权激励管理办法（试行）》的规定，上市公司在授予激励对象股票期权时，应当确定行权价格或行权价格的确定方法。行权价格不应低于下列价格较高者：股权激励计划草案摘要公布前一个交易日的公司标的股票收盘价；股权激励计划草案摘要公布前 30 个交易日内的公司标的股票平均收盘价。

根据《上市公司股权激励管理办法（试行）》的规定，上市公司以股票市价为基准确定限制性股票授予价格的，在下列期间内不得向激励对象授予股票：定期报告公布前 30 日；重大交易或重大事项决定过程中至该事项公告后两个交易日；其他可能影响股价的重大事件发生之日起至公告后两个交易日。

为了明确限制性股票的最低授予价格，《股权激励有关事项备忘录 1 号》规定："如果标的股票的来源是增量，即通过定向增发方式取得股票，其实质属于定向发行，则参照现行《上市公司证券发行管理办法》中有关定向增发的定价原则和锁定期要求确定价格和锁定期，同时考虑股权激励的激励效应：①发行价格不低于定价基准日前 20 个交易日公司股票均价的 50%。②自

股票授予日起 12 个月内不得转让，激励对象为控股股东、实际控制人的，自股票授予日起 36 个月内不得转让。若低于上述标准则需由公司在股权激励草案中充分分析和披露其对股东权益的摊薄影响，我部提交重组审核委员会讨论决定。"

二、上市公司股权激励行权价格的确定方法

各国资本市场监管部门一般都要求行权价格要根据"公平价格"来确定。所谓"公平价格"是指对股东和激励对象都公平的价格，一般有以下几种算法：

授予日的最高价格和最低价格的平均值；

授予日的开盘价和收盘价的平均值；

授予日前一个月的收盘价的平均值；

授予日前一个月的开盘价的平均值

授予日前一个月收盘价和开盘价的平均值。

公平价格确定后，行权价格的确定有以下四种方法（见表 9-5）。

表 9-5　行权价格确定的四种方法

序号	方法	说明
1.	等现值法	也叫作平值法。行权价格等于当前股票的公平价格。这种行权价格相对比较适合股权激励的本意，是多数上市公司采用的方法。行权价格等于当前股票公平价格的情况下，股权激励方案的内在价值是零，但是拥有时间价值
2.	现值有利法	也叫作实值法。行权价格是当前股票价格的一个折扣，激励力度最大。在行权价格小于当前股票公平价格的情况下，股权激励方案的内在价值是正的，还拥有时间价值。但是这种方法对股东不利，会稀释公司原有股东的权益；对激励对象的约束也比较小。一般对于陷入困境、发展潜力不大的公司会采用这种方法
3.	现值不利法	也叫作虚值法或溢价法。行权价格是当前股票公平价格的一个溢价，也就是行权价格高于当前股票的价格。这种行权价格对股东有利，而对激励对象不利，只适用于公司盈利状况和成长性都很好的公司

序号	方法	说明
4.	可变行权价格法	可变行权价格激励的逻辑是：激励对象的表现越佳，其导致的特定财务指标增长越快，股权的行权价越低，其股权市场价格与行权价的价差越大，获利越多，激励效果越好。这种方法不考虑行权前后的股价差异，完全排除了与业绩提升或下降无关的股价涨落因素，激励对象努力程度越高，股权收益也就越丰厚

三、非上市公司在股权激励过程中如何确定行权价格

非上市公司在制订股权激励计划时，由于股权行权价没有相应的股票市场价格作为定价基础，因此确定难度比上市公司相对要大得多。

美国的非上市公司通常的做法是，对企业的价值进行专业的评估来确定企业每股的内在价值，并以此作为股权行权价与出售价格的基础。首先，对公司的每项资产进行评估，得出各项资产的公允市场价值；其次，将各类资产的价值加总，得出公司的总资产价值，再减去各类负债的公允市场价值总和，得到公司股权的公允市场价值；最后，用公允市场价格除以公司总股本，就得到股权激励授予时的公平价格。

四、中国非上市公司股权激励行权价格的四种确定方法

1. 以注册资本金为标准

注册资本金与净资产相差不大的企业，可以以注册资本金为标准来确定股权价格。例如，每份股权激励的行权价格可以直接设定为 1 元。

2. 以评估的净资产的价格为标准

如果企业的净资产与注册资本金相差较大，就要对每股净资产值进行评估，以评估后的每股净资产值作为股份授予时每份股权激励的行权价格。

3. 以注册资本金或者净资产为基础进行一定的折扣

在这种情况下，企业要根据实际的经营状况，以注册资本或者每股净资

产为基础，选择适当的折扣来确定行权价格。

4. 以上市公司股价为参考

例如，高科技企业，可以以同行业同类型上市公司的股价为参考，进行一定的折扣，作为股权激励的行权价格。

由于企业价值的计算方式是各种各样的，因此，非上市公司股权激励标的的行权价格的确定也有多种方法，企业应根据公司的实际情况和战略需要确定。

第六节 定时间

股权激励计划是一种由不同的时间点组成的长期的员工激励制度，要使股权激励计划达到很好的效果，必须巧妙设计股权激励计划中设置的时间点，既要达到企业长期激励的目的，又要使员工不会感觉到遥不可及。一般而言，股权激励计划中会涉及以下时间点：股权激励计划的有效期、授予日、授权日、等待期、解锁期、行权日、行权窗口期和禁售期等。

一、股权激励计划的有效期

股权激励计划的有效期是指股权激励计划从经过股东大会或中国证券监督管理委员会审批生效直至该激励计划涉及的最后一批激励标的股份（股票）行权或者解锁完毕、股权激励计划终止的期间。

在企业涉及股权激励计划的有效期时，要考虑到以下因素：

1. 企业战略的阶段性

股权激励计划的有效期设置应当与企业阶段性项目或者阶段性目标完成所需要的时限保持一致。如果企业设计的阶段性战略目标计划的年限是五年，那么，股权激励计划的有效期可以设置为五年或六年。假如股权激励计划的有效期为三年或四年，企业就会在不知激励对象能否完成阶段性战略目标的前提下把股权激励标的行权完毕，不利于企业阶段性战略目标计划的完成。

2. 法律的强制性规定

股权激励计划的有效期设置应当遵守法律的强制性规定。上市公司股权激励计划的有效期，目前法律规定最短不得超过一年，从授权日开始计算不得超过十年。对于非上市公司而言，法律没有对其有效期进行强制性规定，因此股权激励计划的有效期应根据企业的实际情况确定，一般为 3~8 年。

3. 激励对象劳动合同的有效期

股权激励计划的有效期设置不能超过激励对象劳动合同的有效期。股权激励计划得以有效实施的前提是激励对象为企业聘任的员工，股权激励计划的有效期不能超过多数激励对象的劳动合同的有效期。

二、股权激励计划的授予日

股权激励计划的生效日一般是指非上市公司股东大会审议通过之日，或上市公司报中国证监会备案且中国证监会无异议，公司股东大会审议通过之日。对上市公司而言，自公司股东大会审议通过股权激励计划之日起 30 日内，公司应该按相关规定锯开董事会对激励对象进行授权，并完成登记、公告等相关程序。

1. 对于上市公司而言，授权日必须是交易日，且不能是下列日期

（1）上市公司定期报告公布前 30 日。

（2）重大交易或重大事项决定过程中至该事项公告后 2 个交易日。

（3）其他可能影响股价的重大事件发生之日起至公告后 2 个交易日。

2. 对于非上市公司而言，不存在交易日与非交易日的区别，在分批集中对股权激励对象集中授权的前提下，授权日的确定应考虑以下因素

（1）授权日应当是工作日，在非工作日授权会引起不必要的麻烦。

（2）授权日与企业考核日期相适应，最好在考核日期之后或者之前。

（3）授权日与企业战略目标的起始日相一致，这样会使企业的战略目标

与股权激励计划在时间的安排上相对应。

三、股权激励计划的等待期

股权激励计划的等待期是指激励对象获得股权激励标的之后，需要等待一段时间，达到一系列事前约定的约束条件，才能获得对激励股份或者激励标的的完全处分权。

股权激励计划需要确定的等待期限分为三个方面：一是一次性等待期限；二是分次等待期限；三是业绩等待期限。

1. 一次性等待期限

股权激励计划授予激励对象在一次性的等待期满后，可以行使全部权利，就是一次性等待期限。在一次性等待期限的前提下，激励对象可以就激励标的一次性地全部行权。

2. 分次等待期限

如果股权激励计划授予激励对象分批行权、分次获得激励标的的完全处分权，设置的股权激励计划的等待期限就是分次等待期限。例如，某一股票期权计划约定激励对象在满足行权条件时分四批行权，每次的行权比例为激励标的总额的25%，等待期限分别为一年、二年、三年和四年。

3. 业绩等待期限

业绩等待期限是指激励对象只有在有效期内完成了特定的业绩目标，才可以行权。即依据特定的业绩目标如特定的收入、利润指标等是否实现来确定等待期是否期满。

四、股权激励计划的可行权日与行权窗口期

股权激励计划的可行权日是指等待期满次日起至股权激励计划有效期满当日止的可以行权的期间。

对于上市公司而言，可行权日是等待期满次日起至股权激励计划有效期满当日止的期间之日，公司定期报告公布后第 2 个交易日起至下一次定期报

告公布前 10 个交易日内的所有交易日，但不得在下列期间内行权：

（1）业绩预告、业绩快报公告前 10 日至公告后 2 个交易日内。

（2）重大交易或重大事项决定过程中至该事项公告后 2 个交易日。

（3）其他可能影响股价的重大事件发生之日起至公告后 2 个交易日。

从理论上而言，非上市公司可行权日也是指等待期满次日起至股权激励计划有效期满当日止的可以行权的期间内的所有日期，但是鉴于非上市公司的激励对象获得股权均需要到工商登记部门予以注册，如果激励对象不能在一段时间集中行权则会导致办理工商股权登记特别烦琐。公司可以在可行权日期内专门设立一小段时间为每年的行权窗口期，例如，每年 12 月为行权窗口期。

五、股权激励计划的禁售期

禁售期又称强制持有期，是指激励对象在行权后必须在一定时期内持有该激励标的，不得转让、出售。禁售期主要是为了防止激励对象以损害公司利益为代价抛售激励标的进行短期套利行为。

在设计股权激励计划方案的禁售期时，一般应考虑以下因素：

（1）禁售期的规定应该符合法律法规对激励对象禁售的相关规定。激励对象转让其持有的激励标的，应当符合公司法、证券法、《证券交易所股票上市规则》等法律法规和规范性文件的规定。

（2）公司战略目标实现的需要。如果公司的战略目标的实现需要较长的时间，如 8~10 年，那么对激励对象的禁售期可以予以延长，以免激励对象进行套利出售后离开公司。对于激励对象的延长禁售期的具体规定应该体现在四个文件中：一是股权激励计划方案；二是激励对象的承诺书；三是公司章程；四是员工的劳动合同。

（3）禁售期限的合理性。激励对象的禁售期如果得到了合法延长，应当尊重员工的意见，注重其内在合理性，避免激励对象对计划的不予认可或者认为不公平。

第七节　定条件

没有一定的约束条件，股权激励计划就成了单纯的奖励计划。股权激励计划的约束条件规定了奖励的对价，也是为了取得这种长期的且可能是巨额的报酬所需要达到的业绩标准。

股权激励计划的约束条件分为两个方面：一方面是股权激励计划的授予条件；另一方面是股权激励计划的行权条件。而每一约束条件又可以分为两类：一类是针对公司的约束条件；另一类是针对激励对象的约束条件。

一、股权激励计划的授予条件

1. 上市公司实施股权激励计划的授予条件

公司和激励对象未发生下列情形：

（1）最近一年会计年度的财务会计报告被注册会计师出具否定意见或者无法表示意见的审计报告。

（2）最近一年内因重大违法违规行为被中国证监会予以行政处罚。

（3）中国证监会认定的不能实行股权激励计划的其他情形。

最近三年内被交易所公开谴责或宣布为不适当人选。

最近三年内因重大违法违规行为被中国证监会予以行政处罚的。

具有公司法规定的不得担任公司董事、监事高级管理人员情形的。

2. 非上市公司实施股权激励计划的授予条件

非上市公司实施股权激励计划并没有法定的授予条件，公司可以灵活地决定是否要设置股权激励计划的授予条件。一般而言，不用对非上市公司设置授予资格主体条件，因为非上市公司根本就不符合股权激励计划的授予条件。那么，该如何实施股权激励计划？非上市公司虽然可以不设置对激励对象的授予条件，但为了确保股权激励计划的公平性，就要规定明确的授予条件，避免员工内部猜忌。

二、股权激励计划的行权条件

股权激励计划的行权条件是对股权激励计划所要达到的绩效的考核条件，这种绩效考核分为两种：一是对激励对象的绩效考核，二是对公司的经营业绩考核。

1. 上市公司股权激励计划的行权条件

对于上市公司来说，上市是股权激励计划的行权条件中最基本的，首先，上市公司在行权条件达成时，仍需要符合议别对象；其次，要满足实施股权激励计划的上市公司的获授条件。

2. 非上市公司股权激励计划的行权条件

非上市公司股权激励计划的行权条件的规定比上市公司的规定更加灵活，但基本内容一致。

3. 激励计划的行权条件、等待期与行权期

在股权激励计划需要分年度、分批行权的情况下，每一批可行权的股权激励标的都会涉及以下三个因素：等待期、行权期、行权条件。

第八节　定平台

随着国内并购重组以及"新三板"等资本市场的持续火热，如何搭建适合自己的持股平台广受投资者关注。持股平台的搭建需要考量众多因素，诸如，税收成本、投资者的近期以及远期目标、目前公司的股权结构、法律风险隔离、行业监管要求等，但是税收成本一定是其中最为重要的考量因素之一。

一、什么是自然人持股

这一组织形态，在各个阶段的税负成本分析如下：

在运营阶段，公司层面缴纳 25% 的企业所得税，个人分红缴纳 20% 的个人所得税。

在资本运作过程中，自然人股东作为主体进行并购重组，交易双方无法适用"特殊性税务处理"的要求，交易税负成本巨大；整体来看，由于现有公司承载基本运营功能，该架构不利于公司横向、纵向的扩张，也无法进行避税的安排。

在投资退出过程中，股权转让退出需要缴纳 20% 的个人所得税。尤其并购重组出现三级子公司后，投资退出需要先缴纳一道 25% 的企业所得税，然后再缴纳一道 20% 的个人所得税，税负较重。

当然，这种架构算不上持股平台，是很多创业者最初采用的组织形态，也是最为广泛的一种模式，对于安安稳稳"过日子"的公司而言，基本满足需要，老老实实纳税，踏踏实实做人。

二、什么是有限合伙型持股平台

由于合伙企业在税收上被视为"透明实体"，直接针对股东纳税，实行"先分后税"，因此，本质上与第一种类型并无实质差异。并且根据《关于合伙企业合伙人所得税问题的通知》（财税〔2008〕159 号）的规定，合伙企业年度应纳税所得税额的范围是"生产经营所得和其他所得"，包括合伙企业分配给所有合伙人的所得和企业当年留存的所得。

2006 年有限合伙制度确立后，其被广泛应用到 VC、PE 等投资公司平台，主要原因在于，相比较于公司型投资平台，尤其在投资退出时，只缴纳一项个人所得税，有其特殊的优势。

例如，兆驰股份，2011 年 9 月，控股股东深圳市兆驰投资有限公司迁往新疆，更名为新疆兆驰股权投资合伙企业（有限合伙）；海康威视，第三位和第五位的大股东于 2011 年 6 月将注册地由杭州变更为新疆乌鲁木齐市，成为有限合伙企业。

三、什么是公司型持股平台

相比较于自然人直接持股，该类型在资本运作方面有一定的优势，持股平台公司仅仅作为投资扩张、资本运作的平台，在实现横向、纵向扩张时，对现有实体运营公司架构不会造成冲击，同时可以积极申请特殊性的税务处理，降低交易的税负，降低交易双方的交易成本，有利于资本运作的顺利推进。

现行税法规定，优点是居民企业之间的股息红利无须缴税，所以对公司的分红，不会增加税负；缺点在于，在投资退出过程中，需要缴两道税。一些公司股改上市，基于《公司法》的特定要求，数百人甚至数千人的公司员工通过持股公司持有的股份，公司上市后，限售股解禁，公司层面先要缴一道 25%的企业所得税，个人层面还需要缴一道 20%的个税。

例如，2007 年中国平安公司数千名员工股东通过三家持股公司代持数百亿市值的股票，三年后，限售股解禁，按照税法规定需要缴两道税，迫于税负压力，持股公司进行税收迁移，将注册地由深圳迁移至西部地区，才解决了这一难题。

四、为什么引入低税负地区持股平台

在前述持股平台的基础上，可以将持股平台注册到有税收优惠（以及财政返还等）的低税负地区，尤其部分地区对符合条件的公司出台了免税以及财政返还的政策。对于注册于低税负地区的公司型持股平台，不仅可以实现资本运作的便利性，同时可以享受投资退出的低税负，也为合理限度内的避税安排提供了广阔空间。

例如，上市公司"北京汇冠新技术股份"控股股东"北京丹贝投资有限公司"，名称变更为"西藏丹贝投资有限公司"；上市公司"广东金刚玻璃"

控股股东"汕头市金刚玻璃实业有限公司"变更为"拉萨市金刚玻璃实业有限公司";上市公司"焦作万方铝业股份"的控股股东"拉萨经济技术开发区吉奥高投资控股有限公司"更名为"西藏吉奥高投资控股有限公司"。

目前，国家针对西部地区尤其是自治区，出台了较多的区域性税收优惠政策，吸引力了众多的东部公司纷纷注册，进行架构调整。部分新设基金公司，直接将注册地选择在西部地区，如国内首家由专业人士发起的公募基金管理公司——泓德基金管理有限公司直接将注册地放到拉萨的柳梧新区，与前三家公司的注册地址一样。

五、公司型持股平台与有限合伙型持股平台有何不同

目前市场环境下持股平台的模式主要有公司型持股平台和有限合伙企业型持股平台。两种持股平台各有所长，各自的特点对比如下。

1. 在出资方面

公司持股平台股东可以用货币出资，也可以用实物、知识产权、土地使用权等可以用货币估价并可以依法转让的非货币财产作价出资；但是法律、行政法规规定不得作为出资的财产除外。对作为出资的非货币财产应当评估作价，核实财产，不得高估或者低估作价。有限合伙型持股平台合伙人可以用货币、实物、知识产权、土地使用权或者其他财产权利出资，也可以用劳务出资。合伙人以实物、知识产权、土地使用权或者其他财产权利出资，需要评估作价的，可以由全体合伙人协商确定，也可以由全体合伙人委托法定评估机构评估。合伙人以劳务出资的，其评估办法由全体合伙人协商确定，有限合伙人不得用劳务出资。

2. 在债务承担方面

公司持股平台是公司以其全部财产对公司的债务承担责任。有限责任公司的股东以其认缴的出资额为限对公司承担责任。有限合伙型持股平台则是合伙企业对其债务，应先以其全部财产进行清偿。合伙企业不能清偿到期债务的，普通合伙人承担无限连带责任，有限合伙人以其认缴的出资额为限承

担责任。

3. 在决策方面

公司持股平台是公司设立股东会，决策事项应通过股东会决议，召开股东会应通知全体股东出席，股东会会议由股东按照出资比例行使表决权，但公司章程另有规定的除外。故而若想控制持股平台（有限责任公司），需持公司绝大部分股权方可。有限合伙型持股平台则是有限合伙企业的合伙人分为普通合伙人和有限合伙人，普通合伙人执行合伙事务，承担企业经营管理；有限合伙人不能执行合伙事务，不参与企业经营管理。普通合伙人的身份由合伙人自行决定，不通过出资额决定。

4. 在税负方面

公司持股平台是双重税负，公司缴纳企业所得税，自然人缴纳个人所得税。有限合伙型持股平台则是合伙企业不需缴纳企业所得税，由自然人缴纳个人所得税。

5. 在退出机制方面

两者的差别需要详细说明。

6. 公司持股平台

（1）股权转让，股东之间可以相互转让；股东向股东以外的人转让股权，应当经其他股东过半数同意；同等条件下，股东享有优先购买权，公司章程对股权转让另有约定的，从其约定。

（2）公司回购，按照相关规定，有下列情形之一的，股东可以请求公司以合理价格收购其股权：①公司连续五年不向股东分配利润，而公司该五年连续盈利，并且符合《公司法》规定的分配利润条件的；②公司合并、分立、转让主要财产的；③公司章程规定的营业期限届满或者章程规定的其他解散事由出现，股东会会议通过决议修改章程使公司存续的。

7. 有限合伙型持股平台

（1）财产份额转让。除合伙协议另有约定之外，合伙人向合伙人以外的人转让其在合伙企业的财产份额时，须经其他合伙人一致同意，在同等条件下，其他合伙人有优先购买权。有限合伙人可以按照合伙协议的约定向合伙人以外的人转让其在有限合伙企业中的财产份额，但应当提前三十日通知其他合伙人。

（2）退伙。按照相关规定，合伙协议约定合伙期限的，在合伙企业存续期间，有下列情形之一的，合伙人可以退伙：①合伙协议约定的退伙事由出现；②经全体合伙人一致同意；③发生合伙人难以继续参加合伙的事由；④其他合伙人严重违反合伙协议约定的义务。

另外，合伙协议未约定合伙期限的，合伙人在不给合伙企业事务执行造成不利影响的情况下，可以退伙，但应当提前三十日通知其他合伙人。退伙人在合伙企业中财产份额的退还办法，由合伙协议约定或者由全体合伙人决定，可以退还货币，也可以退还实物。

第九节　定机制

定机制，就是确定进入机制、运行机制和退出机制。那么，究竟如何定机制？

一、如何确定进入机制

股权激励对象在什么条件下才能行权？这是股权激励计划实施过程中的关键问题。一般来说，激励对象在获取股权时必须达到或满足一定的条件，达不到条件就不能获取股权。这种条件包括两个方面：一是公司的资格必须符合要求，即公司必须符合股权激励相关法律法规的要求；二是激励对象的资格必须符合要求，即激励对象必须达到相应的业绩，满足考核要求。

二、如何确定运行机制

股权激励计划的运行机制包括股权激励计划的管理方式及股权激励计划

的调整等。股权激励计划的管理分为公司层面和政府层面，政府层面的管理以证监会等部门的相关制度为准，在公司层面，股权激励的决策机构是股东大会，日常的领导和管理由董事会负责，一般情况下，董事会下设薪酬委员会，负责股权激励计划的具体管理，股权激励工作的监督一般由监事会负责。股权激励计划的调整包括两种情况：一是正常股份变动下的调整，如送股、配股、增发新股、换股、派发现金股息等；二是公司发生重大行为时的调整，如公司在生产经营中发生并购、控制权发生变化等情况，股权激励计划中应该明确这些运行机制。

三、如何确定退出机制

股权激励计划的约束作用可以通过有效的退出机制来体现。导致员工股权激励调整或终止的因素很多，主要包括业绩因素、岗位因素和公司经营因素等。在业绩因素方面，员工业绩考核不达标，按照要求可能退出股权激励计划；在岗位因素方面，员工晋升、降职、离职、辞退等都会导致个人激励的调整或终止；在经营因素方面，如果公司股权结构发生重大变化，出现兼并、收购、重组等，都可能导致股权激励计划的调整。

[案例] 某 IT 企业员工持股计划

民营 IT 企业 A 公司完成股份制改造后，计划三年内登陆创业板，以下是股权激励方案核心内容。

A 公司实行股权激励的目的很明确——提升公司业绩，确保增长目标。A 公司成立只有五年，但发展迅速，五年内进行了两轮融资，从而使公司具有充裕的现金流，员工待遇也处于行业内中上水平。然而，战略投资人的投资带有附加条件，那就是公司必须在若干年内上市，上市首选目标为创业板，而中国证监会 2014 年 5 月发布的《首次公开发行股票并在创业板上市管理办法》第十一条关于拟在创业板上市公司的业绩要求为："最近两年连续盈利，最近两年净利润累计不少于 1000 万元；或者最近一年盈利，最近一年营业收入不少于 5000 万元。"由于公司正处于创业期，所处行业又属于新兴产业，前期投入的回报具有一定的滞后期，公司目前尚未实现盈利。2015 年以来，随着宏观经济环境的变化，公司的业绩并没有实现预期的高速增长，公司董事会希望通过股权激励，进一步完善公司治理结构，建立健全长期激励与约束机制，倡导公司与管理层及骨干员工共同持续发展的理念，充分调动高级管理人员、中层管理人员及核心骨干员工的积极性，提升公司的核心竞争力，确保公司发展战略和经营目标的实现。

（1）定模式。A 公司采用的股权激励模式为员工持股计划（ESOP），持有股份的激励对象拥有股份的所有权、分红权、表决权、增值权和继承权等。通过实施以实股为主要形式的员工持股计划，可以减少委托—代理成本，实现经营者和所有者利益趋同，以股权吸引和留住人才，推动企业长期、稳健的发展。

（2）定时间。A 公司关于股权激励计划中的时间安排如下：

1）有效期。本计划的有效期为四年，自股东大会审议通过本计划之日起算，本计划的存续期届满后自行终止，也可经股东大会审议批准或根据相关法律法规的规定提前终止或延长。

2）授权日。在本计划报公司股东大会审议通过，且满足授予条件成立后的 30 日内由公司董事会确定授予日并对激励对象进行授予，并完成登记、公告等相关程序。

3）等待期。等待期为授权日到首次可以行权日之间的间隔，本次股权激励计划激励对象获授的股票期权等待期根据公司上市时间确定，在等待期内不可以行权。

4）窗口期。本计划设三个行权窗口期，分别为自公司股票上市之日起第 13 个月、第 25 个月、第 37 个月，在符合行权条件的前提下，公司受理行权申请。

5）锁定期。本计划授予的限制性股票自公司股票上市流通之日起 24 个月内分两期解锁，即上市满 12 个月时解锁 50%，届满 24 个月时解锁 50%。

6）禁售期。激励对象为公司董事、高级管理人员的，其在任职期间每年转让的股份不得超过其所持有本公司股份总数的 25%；在离职后半年内，不得转让其所持有的本公司股份；申报离任六个月后的十二个月内通过证券交易所挂牌出售本公司股份占其所持公司股份总数比例不得超过 50%。

（3）定来源。股票来源和资金来源是股权激励时必须考虑的基础问题。《上市公司股权激励管理办法》第十二条规定：拟实行股权激励的上市公司，可以下列方式作为标的股票来源：①向激励对象发行股份；②回购本公司股份（预留股票）；③法律、行政法规允许的其他方式。第二十一条规定：激励对象参与股权激励计划的资金来源应当合法合规，不得违反法律、行政法规及中国证监会的相关规定。上市公司不得为激励对象依股权激励计划获取有关权益提供贷款以及其他任何形式的财务资助，包括为其贷款提供担保。非上市公司股权激励的股票来源主要有四种，一是大股东转让，二是全体股东同比转让，三是预留股份，四是增资扩股。

（4）定对象。A 公司正处于发展期，设定的股权激励对象为公司高级管理人员、中层管理人员及核心骨干员工，涉及的激励对象共计 85 人，占公司员工总数的 30%。A 公司的股权激励计划还预留了一定股份，用于激励未在本次激励人员名单中，但是未来几年业绩高速增长的员工。

（5）定价格。A 公司限制性股票的受让价格为 4.5 元/股。由于公司净利润为负值，无法通过市盈率估值，最终决定通过市净率进行估算。经专业公司评估，A 公司每股净资产为人民币 2.25 元，而同期行业内上市公司平均市净率为 11 倍，A 公司股票的授予价格为 4.5 元/股，对应 2 倍的市净率，公司一旦上市，将具有巨大的增值空间，因此员工对本次股权激励计划都非常期待。

（6）定数量。A 公司拟向激励对象授予的限制性股票数量为 480 万股，占公司股本总数 8000 万股的 6%。激励计划中任何一名激励对象通过全部有效的股权激励计划获授的公司股票累计不超过公司股本总数的1%。

股权激励策略和关键因素确定之后,如何保障方案的顺利运行?有效的进入、运行、退出机制不可缺少。

(7)确定进入机制。A公司计划授予的限制性股票分三期进行行权,对应的业绩考核期为2016~2018年三个会计年度,对应的整体业绩考核条件为:当年公司净利润增长率不低于30%且主营业务收入增长率不低于20%。公司当年度整体业绩考核达标后,相应的行权比例为2016年行权30%,2017年行权30%,2018年行权40%。在公司整体业绩评价结果的基础上,公司还将行权条件与个人业绩挂钩。

(8)确定运行机制。A公司设立了专门的股权激励管理委员会,该委员会是股权激励计划的日常管理机构。管理委员会委员由董事会提名候选人,由员工选举产生。管理委员会对董事会负责,董事会对股东大会负责。A公司股权激励计划中明确指出,若在行权前公司有资本公积转增股本、派送股票红利、股票拆细、配股或缩股等事项,应对股票期权数量进行相应的调整,并明确了相应的调整方法和程序。

(9)确定退出机制。A公司在激励计划中指出,当激励对象出现以下情形之一时,经公司董事会批准,其已获授但尚未解锁的限制性股票由公司回购注销:违反国家法律法规、公司章程或公司内部管理规章制度的规定,发生劳动合同约定的失职、渎职行为,严重损害公司利益或声誉,给公司造成直接或间接经济损失;公司有证据证明该激励对象在任职期间,存在受贿、索贿、贪污、盗窃、泄露经营和技术秘密等损害公司利益、声誉等的违法违纪行为,直接或间接损害公司利益;因犯罪行为被依法追究刑事责任;成为公司独立董事、监事或其他不能参与股权激励计划的人员;单方面提出终止或解除与公司订立的劳动合同或聘用合同;与公司订立的劳动合同或聘用合同期满,且个人要求不再续签;因个人原因而致使公司提出解除或终止劳动合同(包括被公司辞退、除名等);非因工原因导致丧失劳动能力而离职的;非因工原因导致丧失民事行为能力的;非因工原因死亡的;被证券交易所公开谴责或宣布为不适当人选的；因重大违法违规行为被中国证监会予以行政处罚的；具有《公司法》规定的不得担任公司董事、高级管理人员情形的；因考核不合格或经认定不能胜任工作岗位，且经公司董事会批准的；公司认定的其他情况。

A 公司股权激励计划推出半年以来，全体员工工作积极性有了很大提高，被激励对象热情高涨，希望通过好的业绩顺利行权，其他员工也希望通过好的业绩进入股权激励计划，并且期待公司能够顺利登陆深交所，以实现企业价值及个人财富的最大化。

第十章

股权激励方案落地与实施

股权激励协议签订后，并不等于股权激励的结束，而是刚刚开始。股权激励方案要想实施成功，应该明确和把握在实施过程中影响其落地成功的各种因素，循序渐进，有条不紊地逐步推进股权激励，采取与人力资源管理相互配套的措施，充分发挥"三会一层"管理机构的主导作用。

第一节　股权激励方案实施成功的要素

实施股权激励，其实质就是在企业的所有者和企业的经营者之间建立利益共享、责任共担的利益分配机制，通过利益关系来完善公司的激励约束机制。股权激励方案实施成功，需要把握以下几个关键因素。

一、管理机构及操作

实施股权激励项目一般都需要设立一个专门的小组或者部门来管理方案

实施的日常操作，这个常设小组或部门不仅仅要保证公开、公正、公平地实施股权激励制度，同时也要宣传贯彻共同分担风险、共同享受成果的理念。股权激励的目的是要调动员工的积极性和发挥主人翁精神，共同谋求企业的中长期利益，避免只追求短期利益、损害长期利益的错误。所以，只有坚持这一理念，才能激励和留住人才。例如，某一电子贸易企业，每周五都会召开全公司大会，向大家汇报公司的经营情况和每份股份的分红。每个员工都可以计算自己的分红收益，充分调动了全体的积极性。

二、股东责任感的塑造

员工的权利和义务是对等的，激励和约束是对等的，只有强化了员工股东的责任感，才能确保股权激励的落地执行。

实施股权激励以后，新股东加入了股东大会，部分新股东还加入了董事会，依法享有所持股份对应的所有权、表决权、收益权、转让权和继承权，赋予员工股东相应责任是区隔其与一般员工的有效方法！股权激励参与对象的权利和义务是对等的，在把企业发展的利益分给员工的同时，更应强调员工作为股东的责任感，强化股东须对企业发展拥有义不容辞的责任意识。

三、股东荣誉感的塑造

股权激励在具体实施过程中，股东的荣誉感是良好的助推器，使员工在精神层面可以得到高度的认可。

实施股权激励以后，原来的高管或者核心技术人员由于被授予部分股权，从打工者摇身变成了公司的小股东，兼具股东与员工双重身份。对于被激励者而言，这种身份转变具有相当大的吸引力，意味着被激励者从此成为企业的主人，不仅能够分享企业增长的收益，还有机会参与企业的重大决策。对于部分身份认知敏感的员工而言，"当家做主"的激励力度甚至大于经济利益的激励力度。

四、股东合伙人文化的建设与维护

要巩固和加强股权激励的效果，不仅提升员工股东的主人翁意识，而且给周围的员工带来正能量的引导，还需要日常工作中的点点滴滴来维护。

大股东有长远的眼光与宽广的胸怀，也应该有及时转变角色的勇气和耐力，严格规范地推进与实施股权激励，积极构建一种开发的、民主的所有权文化，真正调动被激励者干事创业的激情和潜力。在股权激励项目推进的过程中，可以通过一系列的活动、各种形式来展现员工股东作为合伙人的荣誉感、责任感，如举办相关股东专属活动、开展股东专题活动等。在日常工作中，要不断强化员工股东的主人翁意识，发挥员工股东的模范带头作用，给其他员工带来正能量。

总之，股权激励要真正能落到实处，要充分发挥管理机构的作用，要让员工从理念上高度认同、从心态上真正转变、从行动上落到实处，员工股东发生从打工者到股东的根本变化，并释放正能量引导周围的员工，还需要日常工作、活动中的不断宣贯与执行。

第二节　股权激励三阶段：调研、设计和实施

大体来说，股权激励需要经历三个阶段，即调查、设计和实施。经过这样的合法步骤，才能降低股权激励的法律风险，收到预期效果。

一、专业律师尽职调查

专业律师应对拟实施股权激励公司进行深入尽职调查，核实前期接洽阶段获取的相关信息，使得专业律师能够在信息充分的情况下制作可行的股权激励方案。专业律师可以根据实际情况，在符合法律、法规的情况下对于尽

职调查的具体内容作适当增加和减少。尽职调查形式包括要求公司提供书面材料、调查问卷、访谈等。

调查内容广泛而具体，主要包括：拟实施股权激励公司全体人员构成情况及现有的薪酬政策、激励策略和薪酬水平，拟实施股权激励公司与职工签订的劳动合同、保密协议、竞争限制协议，启动股权激励的内部决策文件，拟实施股权激励公司实行股权激励的范围、对象、基本情况，拟实现目标及初步思路及股权激励应关注的重点和法律障碍等。

二、设计公司股权激励方案

设计公司股权激励方案主要是遵循"十定"法则，即定数量、定模式、定对象、定价格、定来源、定条件、定时间、定考核、定平台、定机制。这方面请参见本书第八章。

三、股权激励方案的实施

根据审批通过的股权激励方案和公司的委托，为了降低法律风险，股权专家协助做好如下工作：制定股权激励计划考核办法、股权激励协议、股权授予通知等配套法律文件；股东（大）会、董事会、薪酬委员会会议决议的制作及相关会议的协助召开；股权（或相应权利）获得、变更、丧失所涉及的相关法律文件的草拟或审核；根据股权激励制度修改公司相关规章制度及劳动合同；公司协助办理工商变更登记等手续。

如果是上市公司实施股权激励，上市公司还要根据中国证券监督管理委员会及交易所的要求及时履行信息披露义务；如果是全国股转系统（俗称"新三板"）挂牌公司就根据中国证券监督管理委员会及全国股转系统的要求及时履行信息披露义务；而其他非上市或非挂牌公司则没有披露要求。

第三节　推进股权激励，必须循序渐进

股权激励是一个循序渐进的过程，而不是一蹴而就的工作。公司在对员工实施激励的过程中，也是一个由短期激励，逐步转中期激励，进而转长期激励的过程。从工资到奖金、福利，再到分红股转实股，每一次激励都蕴藏着企业家经营人心的智慧。

一、股权激励要有持续性

公司在设计内部股权激励的时候，切忌一次性把股权激励做完给完。本来计划给一个高管总共 100 万股，但不要一次性把 100 万股给完了。

股权激励，一定是持续性的，一定是多轮激励。因为，你如果只做了两轮，后面没有了，那么没拿到股权激励的员工会懈怠。因为，反正也没有了，没有必要努力了。而且，以后企业也无法通过股权激励寻找吸引外部更优秀的人才了。所以，股权激励需要有持续性。这样，让暂时没有拿到股权激励的员工，能够再继续努力工作，争取下一轮拿到。而拿到的员工，也会持续地努力，正是因为持续地循序渐进，才能够持续激励。

二、由虚转实，由短转长

当企业在对核心成员第一次做股权激励时，往往心里没有任何底，不知道预期效果怎样，此时，可以先考虑做一个分红股、股份增值权或者虚拟股权的激励。

首先，激励对象持有公司分红股或者股份增值权，并不实际拥有公司股权，而只是享有某种收益，这种权益既不能转让、继承，也不能用于表决，不影响公司决策。并且，激励对象一旦离开公司，便意味着放弃相关收益。

这在某种程度上可以锁住优秀人才，同时激励他们努力工作，同时不丧失控制权。

其次，激励对象通过分红收益或者股份增值收益，在享受到了实实在在的好处后，再实施股票期权、期股、业绩股份等形式的股权激励，让他们逐步持有公司实股，这样才能逐步释放效果。

企业每天给激励对象讲公司股份多么好，未来会多么值钱，实际上他们感觉并不大，因为他们对你的企业最了解了，股份值不值钱，他们能看得出来。此时，如果先让他们实实在在得到收益，员工就会心动，心动之后，才会有行动。所以，先让他们在虚拟性质的股份当中获得实实在在的收益后，再实施以实股为导向的股权激励往往效果更佳。

最后，公司股权激励需要有长远的规划，这样可以避免公司实际控制人在日后的经营过程中，导致公司控制权丧失而留下遗憾。例如，新浪、雷士照明、真功夫等一批批优秀企业创始人的惨痛教训，就是非常好的案例。

总之，带着急功近利的心态，永远没法做好股权激励。循序渐进，有条不紊地逐步推进，股权激励必然能爆发出无穷的能量。

［案例］光明乳业股权激励方案落地与实施

光明乳业股份有限公司（以下简称"光明乳业"）是由国资、外资、民营资本组成的产权多元化的股份制上市公司，主要从事乳品和乳制品的开发、生产和销售，奶牛和公牛的饲养、培育，物流配送，营养保健食品的开发、生产和销售。

2010年1月，光明乳业推出了A股限制性股票激励计划。2010年9月，光明乳业2010年度第二次临时股东大会审议通过了A股限制性股票激励计划（草案再修订稿）及相关提案。至2010年10月18日，完成限制性股票登记手续，股权激励计划实施完成。光明乳业在2010年年度报告中披露："根据本计划授予的限制性股票数量和单位限制性股票成本，本计划需要摊销的股权激励成本约为 3835 万元，本年度实际摊销股权激励成本 3388027 元。"

2014 年 2 月，光明乳业又推出第二期股权激励方案（下称"激励计划二期"），该方案于 2014 年 12 月获得股东大会高票通过。紧接着，公司又公告确定 12 月 9 日为公司 A 股限制性股票激励计划（二期）的授予日。

此次股权激励包括 8 位公司高管，其中总经理郭本恒获得受限制性股票数量为 20 万股，占限制性股票总量比例 3.18%；其他 7 位高管分别为 10 万股，占限制性股票总量比例分别为 1.59%。中层管理人员，营销、技术及管理骨干共计 202 人。另外，光明乳业发布激励计划二期方案时对业绩也做了限制，并确立了公司未来三年 15% 的收入复合增长目标。

光明乳业再推股权激励计划，在业内人士看来，这是 2010 年一期股权激励的延续，一直被市场所期待。上市公司实施员工股权激励，是深化改革、推动国有企业体制机制发展及实现混合所有制，将核心员工与企业、股东利益进行有机捆绑，积极调动员工工作积极性的重要手段。光明乳业总经理郭本恒表示，股权激励的实施有利于进一步完善公司治理结构，实现对公司中高层管理人员和技术、营销以及管理骨干的长期激励与约束，充分调动其积极性和创造性，使其自身利益与公司的长远发展紧密结合，实现企业的可持续发展。

第十一章

股权激励重要法律问题及处理

　　股权激励是对员工进行长期激励的一种机制，是一个公司治理中并不陌生的问题，股权激励并非又甜又不蛀牙的糖，除了激励的正面效用之外，也存在需要注意的法律风险。例如，股权激励超过200人的问题、股权激励中股份来源问题、股权激励中资金来源问题、股权激励中税收问题等。这些问题能否妥善处理，对股权激励成败具有不可忽视的重要影响。

第一节　规划股权结构时的法务问题

　　股权结构是一个公司的灵魂和基础，股权结构设置不好，就谈不上有良好的公司治理结构，并且不良的股权结构容易导致公司及股东发生重大法律纠纷。下面罗列其中常见的七种不合理的股权结构，并指出其可能产生的后果，供大家在规划股权结构时参考。

一、持股比例过于平均化

所谓持股比例过于平均，是指公司各股东持股比例相同或相近，没有大、小股东之分，其他小股东或者其他小股东的股权比例极低的情况。例如，公司两个股东，各50%股权，或者三个股东30%、30%、40%等。

可能产生的后果，一是容易形成股东僵局，无法形成有效的股东会决议；二是容易激化股东矛盾；三是容易造成公司控制权与利益索取权的失衡。

二、夫妻股东

实践中，该种情况多存在于民营企业。许多民营企业在创业之初即为夫妻共同打天下，公司注册为夫妻二人所有。另外，应工商注册"公司股东必须为两人以上"的强制性要求，但又信不过别人。因此，将公司注册为夫妻二人所有，实质上由一人出资经营。

夫妻公司股东结构的优点是意见比较容易统一，不易出现公司管理僵局。而缺点是多方面的：一是夫妻公司经营管理活动不规范，公私不分，财产混同，存在法人人格被否定的法律风险。一旦经营失败，就会对家庭生活造成严重的影响。二是感情和事业不分，一旦夫妻感情出现危机，随之带来的就是股权争夺战、公司控制权争夺战。三是夫妻共同财产约定不明，夫妻股东真正持股比例不清。

三、股权过分集中

在一股独大、一股独霸的情况下，董事会、监事会和股东会形同虚设，"内部人控制"问题严重，企业无法摆脱"一言堂"和"家长式"管理模式。在公司进入到规模化、多元化经营以后，缺乏制衡机制，决策失误的可能性增加，企业承担的风险会随着公司实力的增强而同步增大。

可能产生的后果，一是企业行为很容易与大股东个人行为混同，一些情况下，股东将承担更多的企业行为产生的不利后果；二是大股东因特殊情况暂时无法处理公司事务时，将产生小股东争夺控制权的不利局面，给企业造成无法估量的损害；三是大股东容易忽视小股东的利益，小股东的权利容易受到侵害。

四、家族企业找人做挂名股东

有的家族企业喜欢让家族成员在工商局注册成股东，但这些注册的股东没有实际出资，真正的股东以及管理者却没有任何工商注册的痕迹。这样，谁是股东，谁出的钱容易说不清楚，一旦出现家庭矛盾，或者名义股东、出资股东有任何变故，股权是谁的，公司是谁的就容易产生法律纠纷。

五、外资、国企及特殊行业股东有特殊规定，代持违法

有些行业，国家对股东资格是要进行审查审批的，例如，金融类企业（证券公司、典当行、银行等），另外，外资企业、国有股的股权问题发生变化也都要进行审批，有些股东为了绕开这些规定，就找人代持，自己当暗股股东，这样的持股情况也存在被法律认定为无效的风险。

六、干股、送股、股权激励引纠纷

有些公司在设立时采取干股、送股或者股权激励的方式留住人才，但设置不是很规范，干股是不是有效，送股还是股权转让，什么时候是股东等这些问题都容易产生分歧。

七、职工入股却不登记

有的企业在国企改制、非上市公司向职工募股，基于法律上对股东人数的限制，往往对入了股的职工却没有进行工商登记，由委托代持、职工持股会、股权信托等方式找人代持股东，一旦代持的股东不听话，或者大股东忘记了职工的股东身份，职工股东的权益就容易受到侵犯。

第二节 关于股权激励超过 200 人的问题

"200 人"问题是实施股权激励必须处理好的法律问题，实务中要按照相关法律法规来操作，避免法律风险。

一、相关规定

中国证监会于 2013 年发布了《非上市公众公司监管指引第 4 号——股东人数超过 200 人的未上市股份有限公司申请行政许可有关问题的审核指引》（以下简称"4 号指引"），该指引专门指出，"《证券法》第十条明确规定'向特定对象发行证券累计超过 200 人的'属于公开发行，需依法报经中国证监会核准。对于股东人数已经超过 200 人的未上市股份有限公司（以下简称'200 人公司'），符合本指引规定的，可申请公开发行并在证券交易所上市、在全国中小企业股份转让系统（以下简称'全国股份转让系统'）挂牌公开转让等行政许可"。4 号指引对超过 200 人以上公司的审核标准、申请文件、股份代持及间接持股处理等事项的监管要求进行了专门明确。同时规定"2006 年 1 月 1 日《证券法》修订实施后，未上市股份有限公司股东人数超过 200 人的，应当符合《证券法》和《非上市公众公司监督管理办法》的有关规定，国家另有规定的，从其规定"。

4 号指引主要针对的是因历史遗留问题造成的公司股东超过 200 人的情形，对于公司现阶段通过实施股权激励导致公司股东超过 200 人的情形仍未作出明确规定。此外，《证券法》（修订草案）第十五条规定，"企业实施股权激励计划或者员工持股计划，向职工发行股票累计超过 200 人，符合国务院证券监督管理机构规定的，可以豁免注册"。但截至目前该修订草案未经全国人大正式通过，且该修订草案是否提交本届全国人大会议审议仍存在一定的不确定性。

二、保证符合股权权属清晰要求的建议

实践中，员工持股计划往往导致超过 200 人持有公司股权，这恰恰与证监会关于 IPO 即"首次公开发行企业股东不得超过 200 人的上限"的规定存在矛盾。

股权授予的对象若超过 200 人，那么转化为实股的做法应采用员工持股平台进行持股。建议非上市公司实施股权激励计划或者员工持股计划后，该持股平台视为一个主体，在后续计算公司股东人数时，无须穿透计算，并建议将该等规定以法规或条例的形式予以明确。

随着公司的发展及员工激励范围的扩大，实践中，实施员工激励极易导致拟上市公司股东人数大大超出 200 人。突破"200 人"上限、实施员工持股制度是公司长期、高效发展的必然要求。

第三节　关于股权激励中资金来源问题

在股份来源中，除股份赠予和股票增值权激励制度之外，被激励对象不需要支付对价，其他股权激励制度中的被激励对象均应支付一定的对价。根据股权激励资金来源方式的不同，可以区分为以下几种来源渠道。

一、自有资金

在实施股权激励计划时，被激励对象可以以自有资金购入对应的股份。在以自有资金购入的模式下，出让方与受让方签订《股权转让协议》并约定转让价款的支付与结算。但由于自己资金往往支付能力有限，完全依赖自有资金模式在一定程度上影响股权激励计划的实施。因此，自有资金应当与其

他支付模式，如分期结算、杠杆融资相结合。

二、提取的激励基金

为了支持股权激励制度的实施，公司可以建立相应基金专门用于股权激励计划。

根据我国《公司法》第一百六十七条规定：公司分配当年税后利润时，应当提取利润的 10% 列入公司法定公积金。公司法定公积金累计额为公司注册资本的 50% 以上的，可以不再提取。公司从税后利润中提取法定公积金后，经股东会或者股东大会决议，还可以从税后利润中提取任意公积金。

《公司法》规定法定公积金用途是法定的：其一，弥补以前年度亏损；其二，转增注册资本。而任意公积金的用途由公司自行确定，既可以用任意公积金由公司自行决定提取与否以及提取多少，其用途可以由公司自行决定，没有法定限制。

根据用途不同，任意公积金可以分为：一是公司债务偿还公积金，用于偿还公司债务；二是平衡公积金，平衡历年盈余分配；三是普通公积金，无专门用途的。由此可见，公司可以通过第三类普通公积金设立股权激励基金，专门用于为股权激励提供资金帮助。这种方法也是目前部分公司设立奖励基金或激励基金的法律依据。

需要说明的，在提取的任意盈余公积金程序是在法定公积金提取之后，公司分配利润之前。而部分公司建立的股权激励基金是来自于公司的税后"未分配利润"。未分配利润与任意盈余公积金在法律性质上同属所有者权益，任意盈余公积金不得用于向股东进行分配。股东的股份盈利分配请求权的对象仅限于"未分配利润"，而不包括任意盈余公积金。简要来说，通过提取任意盈余公积金建立的股权激励基金在法律性质上，对于原股东具有拘束力，不得请求分配，仅为股权激励提供资助。在性质上与 2005 年修订的《公司法》所取消的公益金制度类似。根据修订前的《公司法》规定，公司可以在提取法定公积金、任意公积金之后提取公益金。公益金用于职工集体福利，例如，集体福利项目。包括修建医疗保健设施；修建生活服务设施；用于医疗保险；劳动保护和保险；养老保险。修订后的《公司法》已经废止了该制度。

三、雇员储蓄性股票参与计划资金

该种资金的来源是公司给予全体雇员分享公司成长收益的一种奖励形式，特点是雇员参加储蓄计划，才能分享收益。其适用的对象是除了高层管理人员以外的全体雇员。具体操作是公司将雇员工资的一定比例存入为公司雇员设立的储蓄账户，设定特定期限（如两年）为一期。在该种方案中，股权激励对象的收益为股权参与计划期初本公司每股净资产与到期时每股净资产之间的价差。股权激励对象的风险为当期期末每股净资产低于期初每股净资产时，雇员仅可收回本金，但将损失利息。

与其他的激励机制相比，储蓄参与股票计划激励作用较小。其他激励一般来说是股价上扬时赢利，股价不变或下跌时没有收益；储蓄参与股票则是不论股价上涨还是下跌，都至少有约定比例的收益，当股价上涨时赢利更多。

第四节　关于股权激励中税收问题

这部分内容主要讨论股权激励中的三个税收问题：公司助资的税收问题、个人所得税纳税环节、成本列支。

一、公司提供的资助是否属于个人所得税"应税所得"

国家税务总局《关于个人认购股票等有价证券而从雇主取得折扣或补贴收入有关征收个人所得税问题的通知》规定，在中国负有纳税义务的个人（包括在中国境内有住所和无住所的个人）认购股票等有价证券，因其受雇期间的表现或业绩，从其雇主以不同形式取得的折扣或补贴（指雇员实际支付的股票等有价证券的认购价格低于当期发行价格或市场价格的数额），属于该个人因受雇而取得的工资、薪金所得，应在雇员实际认购股票等有价证券时，按照《中华人民共和国个人所得税法》（以下《个人所得税法》）及其实施条例和其他有关规定计算应缴纳的个人所得税。上述个人在认购股票等有价证券后再行转让所取得的所得，属于税法及其实施条例规定的股票等有价证券转让所得，适用有关对股票等有价证券转让所得征收个人所得税的规定。上述个人认购股票等有价证券而从雇主取得的折扣或补贴，在计算缴纳个人所得税时，因一次收入较多，全部计入当月工资、薪金所得计算缴纳个人所得税有困难的，可在报经当地主管税务机关批准后，自其实际认购股票等有价证券的当月起，在不超过六个月的期限内平均分月计入工资、薪金所得计算缴纳个人所得税。在行权期内，可以通过分期行权以减轻税收负担，将税负均分至各行权期内，避免一次行权税收负担过重。

除上述国税发〔1998〕9号之外，目前关于非上市公司股份期权计划并无其他政策规定。国家税务总局2000年3月17日发布的《关于在中国境内无住所个人以有价证券形式取得工资薪金所得确定纳税义务有关问题的通知》《关于个人股票期权所得征收个人所得税问题的通知》（财税〔2005〕35号）、《关于个人股票期权所得缴纳个人所得税有关问题的补充通知》（国税函〔2006〕902号）并不适用于非上市公司。员工接受雇主（含上市公司和非上市公司）授予的股票期权，凡该股票期权指定的股票为上市公司（含境内、外上市公司）股票的，均应按照财税〔2005〕35号文件进行税务处理。而非上市公司授予员工的股权一般为非上市公司股份，因此不适用财税〔2005〕35号、国税函〔2006〕902号政策。

由此可以看出，非上市公司雇员应在实际认购股票等有价证券时，按照《个人所得税法》及其实施条例和其他有关规定计算缴纳个人所得税。根据我国《个人所得税法》规定，工资、薪金所得，适用超额累进税率，税率为5%~45%；利息、股息、红利所得、财产转让所得和其他所得适用比例税率，税率为 20%。

对于上市公司，虽然税法规定了财产转让所得税，但自 1994 年起，国务院对个人转让上市公司股票转让所得暂免征收个人所得税。而有限公司、非上市的股份有限公司的股东则不能享受这样的税收优惠。

二、股权激励中个人所得税税收缴纳环节

财税〔2005〕35 号规定，员工接受实施股票期权计划企业授予的股票期权时，除另有规定外，一般不作为应税所得征税。员工行权时，其从企业取得股票的实际购买价（行权价）低于购买日公平市场价（指该股票当日的收盘价，下同）的差额，是因员工在企业的表现和业绩情况而取得的与任职、受雇有关的所得，应按"工资、薪金所得"适用的规定计算缴纳个人所得税。对因特殊情况，员工在行权日之前将股票期权转让的，以股票期权的转让净收入，作为工资薪金所得征收个人所得税。员工行权日所在期间的工资薪金所得，应按下列公式计算工资薪金应纳税所得额：股票期权形式的工资薪金应纳税所得额＝（行权股票的每股市场价－员工取得该股票期权支付的每股行权价）×股票数量。即股权激励对象在行权时负有实际纳税义务。

如美国股票期权有两种主要方式：激励性股票期权（ISOS）和非法定股票期权（NQSOS）。根据美国税法，ISOS 的受权人可以得到税收优惠待遇，行权时不缴所得税，而延迟到出售股票时和行权所得合并按较低的资本利得税税率纳税。NQSOS 获得者虽不能享受税收优惠待遇，但对行权条件无过多限制，公司行使股票期权的损失可在税前列支。该政策对不同的股权激励制度实施区别性税收优惠政策，值得借鉴。

三、股权激励支出是否可以在企业成本中列支

我国目前对于股票期权是否可以在成本中列支没有政策规定，在理论界有两种观点：第一种认为，股票期权支出应当等同于工资支出，属于成本项目，应允许企业在计征企业所得税前扣除。此观点降低企业所得税税收负担，

有利于鼓励企业实施股权激励计划。第二种认为，企业股票期权所带来的收益并非企业支付的，而是来自于股权交易市场，因此对企业的成本和利润无影响，不能将企业股票期权支出在成本中列支。我们认为，第一种观点符合股权激励制度要求，第二种观点没有抓住股权激励支出"资金来源"的属性。

税收准则在修订中应坚持"根据资金来源确定是否准许在企业成本中列支"原则。对于来源于企业盈余公积金等专项基金的，应准予企业在成本中列支，并在税前扣除；对于企业提供的认购价格低于公司净资产价格的，准予在税前扣除；对于员工通过自有资金或储蓄区分雇员储蓄性股票参与计划资金，且未享受净资产折扣优惠的，不应在企业税前扣除。有发起人、大股东赠予、出让股份方式实施股权激励的，不涉及对企业权益的影响，不应在企业成本中列支。

[案例] 中关村在线（ZOL）股权激励变成股权纠纷

2010 年 5 月末，海淀区人民法院，中关村在线（ZOL）与员工股权纠纷案判决一出，七名原告不接受这个结果，立即表示将上诉至北京市第一中级人民法院。

这次股权纠纷从 2004 年 10 月开始——美国网络公司 CNET 以 1500 万美元收购中关村在线。中关村在线成立于 1999 年 7 月，主要从事科技消费产品的报价和在线交易。创业初期，由于与公司老板赵雷在经营思路和权力方面的冲突，一名副总率领一批核心员工跳槽到 ChinaByte。

2000 年 3 月，ZOL 与一些技术骨干分别签订了"劳动合同"。其中一份合同中有备受争议的"条款"："乙方工作满 12 个月后，可以获得甲方分配的股权 8 万股；自乙方获得第一笔股权之日起，乙方每工作满一年可以获得甲方分配的股权 8 万股。如果甲方在乙方获得第一笔股权期满之前上市，乙方可以提前获得第一笔甲方分配的股权。"

"股权激励"的效果显著，签订合同的员工都继续留在公司，ZOL进入平稳发展期。2001年3月，签合同的骨干员工陆续离开了ZOL。想到曾签订的劳动合同有关于股权分配的约定，当事人吴小姐请ZOL出具了"股权分配证明"。从该股权分配证明来看，ZOL当时承认吴小姐在ZOL工作满一年并且无偿获得8万股股权，只是待公司股权分配体系建成后向其本人补发《股权分配合同》。

2004年10月，得知CNET要收购ZOL，几位当事人一直在和ZOL联系，要求兑现当初签订的合同承诺，但赵雷等一直在回避。无奈之下，同年11月，他们向海淀区仲裁委员会提出劳动仲裁请求。

从这个案子来看，虽然有了股权承诺，但ZOL给当事人的是一个很粗放的条款。

现在企业越来越重视员工的激励问题。人才，特别是骨干，管理当局非常重视，但关键是怎么去激励？在案例中，只要干满一年，都可以拿到8万股股权，那么，这是一种激励还是福利？管理层做这些事情，到底出于什么目的？到底是不是企业发展过程中，客观需要建立激励制度？背景是副总带人离开公司，所以股权激励的目的很大程度上是为了"救火"、应急。其实，就算是应急，在股权激励上，也应当做一些安排，使它具有可操作性。在国外，股权激励很流行，效果还不错。国内企业，特别是中关村企业很多都在学。但操作过程中为什么会出现这么多纠纷？可能是对别人的理论揣摩得不透。别人的实践，到底怎样，也不是很清楚。并且在实行过程中，有没有结合自己的实际情况进行演变也稀里糊涂。股权激励有很多种方式，中关村在线的"激励"更像是一笔"奖金"。

在股权和法律的对接上，国内关于股权激励的法规并不是很多。在管理上讲不清，法律上也没办法，就开始扯皮。承诺给股权，就一定要有协议和方案，法律上要有这样的指导精神，应当有硬性规定，承诺后要到工商局备案。

　　股权激励方案应当在一定范围内公开，只有公开才能达到真正的激励效果。作为重大的制度安排，应当透明，不能局限在董事会内部。还有股权激励制度的可操作性问题，本案中就没有可操作性，"8万股"本身很值得怀疑：公司总共有多少万股？占公司总股份的多少比例？这个比例对应自己多少权益？权益是按净资产来计算，还是按市值？一年后怎么衡量增值性？另外，还要考虑进退问题，如何兑现，能不能转让，怎么转让？

　　对于员工而言，大的方面，要有法治意识，考虑这样的方案制度符不符合相关法律法规。并且，一切不能通过纯粹的心理契约，做口头承诺，一定要有合同或者协议。至少公司骨干员工应当利用法律保护自己的权益。不要基本问题没搞清楚，大家就忙得热火朝天了。

　　这个案子完全可以转化为好事。当事人刚提出问题时，并没有到仲裁部门，公司管理层应当首先承认事实，然后与员工协商，把"奖金"给了之后，平息这个问题。然后，不仅可以在公司内部宣传，而且会成为很多高新技术创业型企业做股权激励的早期榜样。同时，也督促公司把股权激励方案做得更完备，更有操作性。

附　录

《上市公司股权激励管理办法》

以下是证监会正式发布并自 2016 年 8 月 13 日起实行的《上市公司股权激励管理办法》核心内容。

第一章　总则

第一条　为进一步促进上市公司建立健全激励与约束机制，依据《中华人民共和国公司法》（以下简称《公司法》）、《中华人民共和国证券法》（以下简称《证券法》）及其他法律、行政法规的规定，制定本办法。

第二条　本办法所称股权激励是指上市公司以本公司股票为标的，对其董事、高级管理人员及其他员工进行的长期性激励。

上市公司以限制性股票、股票期权实行股权激励的，适用本办法；以法律、行政法规允许的其他方式实行股权激励的，参照本办法有关规定执行。

第三条　上市公司实行股权激励，应当符合法律、行政法规、本办法和公司章程的规定，有利于上市公司的持续发展，不得损害上市公司利益。

上市公司的董事、监事和高级管理人员在实行股权激励中应当诚实守信，勤勉尽责，维护公司和全体股东的利益。

第四条　上市公司实行股权激励，应当严格按照本办法和其他相关规定的要求履行信息披露义务。

第五条　为上市公司股权激励计划出具意见的证券中介机构和人员，应当诚实守信、勤勉尽责，保证所出具的文件真实、准确、完整。

第六条　任何人不得利用股权激励进行内幕交易、操纵证券市场等违法活动。

第二章　一般规定

第七条　上市公司具有下列情形之一的，不得实行股权激励：

（一）最近一个会计年度财务会计报告被注册会计师出具否定意见或者无法表示意见的审计报告；

（二）最近一个会计年度财务报告内部控制被注册会计师出具否定意见或无法表示意见的审计报告；

（三）上市后最近 36 个月内出现过未按法律法规、公司章程、公开承诺进行利润分配的情形；

（四）法律法规规定不得实行股权激励的；

（五）中国证监会认定的其他情形。

第八条　激励对象可以包括上市公司的董事、高级管理人员、核心技术人员或者核心业务人员，以及公司认为应当激励的对公司经营业绩和未来发展有直接影响的其他员工，但不应当包括独立董事和监事。在境内工作的外籍员工任职上市公司董事、高级管理人员、核心技术人员或者核心业务人员的，可以成为激励对象。单独或合计持有上市公司 5% 以上股份的股东或实际控制人及其配偶、父母、子女，不得成为激励对象。下列人员也不得成为激励对象：

（一）最近 12 个月内被证券交易所认定为不适当人选；

（二）最近 12 个月内被中国证监会及其派出机构认定为不适当人选；

（三）最近 12 个月内因重大违法违规行为被中国证监会及其派出机构行

政处罚或者采取市场禁入措施；

（四）具有《公司法》规定的不得担任公司董事、高级管理人员情形的；

（五）法律法规规定不得参与上市公司股权激励的；

（六）中国证监会认定的其他情形。

第九条 上市公司依照本办法制定股权激励计划的，应当在股权激励计划中载明下列事项：

（一）股权激励的目的；

（二）激励对象的确定依据和范围；

（三）拟授出的权益数量，拟授出权益涉及的标的股票种类、来源、数量及占上市公司股本总额的百分比；分次授出的，每次拟授出的权益数量、涉及的标的股票数量及占股权激励计划涉及的标的股票总额的百分比、占上市公司股本总额的百分比；设置预留权益的，拟预留权益的数量、涉及标的股票数量及占股权激励计划的标的股票总额的百分比；

（四）激励对象为董事、高级管理人员的，其各自可获授的权益数量、占股权激励计划拟授出权益总量的百分比；其他激励对象（各自或者按适当分类）的姓名、职务、可获授的权益数量及占股权激励计划拟授出权益总量的百分比；

（五）股权激励计划的有效期，限制性股票的授予日、限售期和解除限售安排，股票期权的授权日、可行权日、行权有效期和行权安排；

（六）限制性股票的授予价格或者授予价格的确定方法，股票期权的行权价格或者行权价格的确定方法；

（七）激励对象获授权益、行使权益的条件；

（八）上市公司授出权益、激励对象行使权益的程序；

（九）调整权益数量、标的股票数量、授予价格或者行权价格的方法和程序；

（十）股权激励会计处理方法、限制性股票或股票期权公允价值的确定方法、涉及估值模型重要参数取值合理性、实施股权激励应当计提费用及对上市公司经营业绩的影响；

（十一）股权激励计划的变更、终止；

（十二）上市公司发生控制权变更、合并、分立以及激励对象发生职务变更、离职、死亡等事项时股权激励计划的执行；

（十三）上市公司与激励对象之间相关纠纷或争端解决机制；

（十四）上市公司与激励对象的其他权利义务。

第十条 上市公司应当设立激励对象获授权益、行使权益的条件。拟分次授出权益的，应当就每次激励对象获授权益分别设立条件；分期行权的，应当就每次激励对象行使权益分别设立条件。

激励对象为董事、高级管理人员的，上市公司应当设立绩效考核指标作为激励对象行使权益的条件。

第十一条 绩效考核指标应当包括公司业绩指标和激励对象个人绩效指标。相关指标应当客观公开、清晰透明，符合公司的实际情况，有利于促进公司竞争力的提升。

上市公司可以公司历史业绩或同行业可比公司相关指标作为公司业绩指标对照依据，公司选取的业绩指标可以包括净资产收益率、每股收益、每股分红等能够反映股东回报和公司价值创造的综合性指标，以及净利润增长率、主营业务收入增长率等能够反映公司盈利能力和市场价值的成长性指标。以同行业可比公司相关指标作为对照依据的，选取的对照公司不少于3家。

激励对象个人绩效指标由上市公司自行确定。

上市公司应当在公告股权激励计划草案的同时披露所设定指标的科学性和合理性。

第十二条 拟实行股权激励的上市公司，可以下列方式作为标的股票来源：

（一）向激励对象发行股份；

（二）回购本公司股份；

（三）法律、行政法规允许的其他方式。

第十三条　股权激励计划的有效期从首次授予权益日起不得超过 10 年。

第十四条　上市公司可以同时实行多期股权激励计划。

同时实行多期股权激励计划的，各期激励计划设立的公司业绩指标应当保持可比性，后期激励计划的公司业绩指标低于前期激励计划的，上市公司应当充分说明其原因与合理性。

上市公司全部在有效期内的股权激励计划所涉及的标的股票总数累计不得超过公司股本总额的 10%。非经股东大会特别决议批准，任何一名激励对象通过全部在有效期内的股权激励计划获授的本公司股票，累计不得超过公司股本总额的 1%。

本条第二款所称股本总额是指股东大会批准最近一次股权激励计划时公司已发行的股本总额。

第十五条　上市公司在推出股权激励计划时，可以设置预留权益，预留比例不得超过本次股权激励计划拟授予权益数量的 20%。

上市公司应当在股权激励计划经股东大会审议通过后 12 个月内明确预留权益的授予对象；超过 12 个月未明确激励对象的，预留权益失效。

第十六条　相关法律、行政法规、部门规章对上市公司董事、高级管理人员买卖本公司股票的期间有限制的，上市公司不得在相关限制期间内向激励对象授出限制性股票，激励对象也不得行使权益。

第十七条　上市公司启动及实施增发新股、并购重组、资产注入、发行可转债、发行公司债券等重大事项期间，可以实行股权激励计划。

第十八条　上市公司发生本办法第七条规定的情形之一的，应当终止实施股权激励计划，不得向激励对象继续授予新的权益，激励对象根据股权激励计划已获授但尚未行使的权益应当终止行使。

在股权激励计划实施过程中，出现本办法第八条规定的不得成为激励对象情形的，上市公司不得继续授予其权益，其已获授但尚未行使的权益应当终止行使。

第十九条　激励对象在获授限制性股票或者对获授的股票期权行使权益

前后买卖股票的行为，应当遵守《证券法》《公司法》等相关规定。

上市公司应当在本办法第二十条规定的协议中，就前述义务向激励对象作出特别提示。

第二十条　上市公司应当与激励对象签订协议，确认股权激励计划的内容，并依照本办法约定双方的其他权利义务。

上市公司应当承诺，股权激励计划相关信息披露文件不存在虚假记载、误导性陈述或者重大遗漏。

所有激励对象应当承诺，上市公司因信息披露文件中有虚假记载、误导性陈述或者重大遗漏，导致不符合授予权益或行使权益安排的，激励对象应当自相关信息披露文件被确认存在虚假记载、误导性陈述或者重大遗漏后，将由股权激励计划所获得的全部利益返还公司。

第二十一条　激励对象参与股权激励计划的资金来源应当合法合规，不得违反法律、行政法规及中国证监会的相关规定。

上市公司不得为激励对象依股权激励计划获取有关权益提供贷款以及其他任何形式的财务资助，包括为其贷款提供担保。

第三章　限制性股票

第二十二条　本办法所称限制性股票是指激励对象按照股权激励计划规定的条件，获得的转让等部分权利受到限制的本公司股票。

限制性股票在解除限售前不得转让、用于担保或偿还债务。

第二十三条　上市公司在授予激励对象限制性股票时，应当确定授予价格或授予价格的确定方法。授予价格不得低于股票票面金额，且原则上不得低于下列价格较高者：

（一）股权激励计划草案公布前 1 个交易日的公司股票交易均价的 50%；

（二）股权激励计划草案公布前 20 个交易日、60 个交易日或者 120 个交易日的公司股票交易均价之一的 50%。

上市公司采用其他方法确定限制性股票授予价格的，应当在股权激励计划中对定价依据及定价方式作出说明。

第二十四条 限制性股票授予日与首次解除限售日之间的间隔不得少于 12 个月。

第二十五条 在限制性股票有效期内，上市公司应当规定分期解除限售，每期时限不得少于 12 个月，各期解除限售的比例不得超过激励对象获授限制性股票总额的 50%。

当期解除限售的条件未成就的，限制性股票不得解除限售或递延至下期解除限售，应当按照本办法第二十六条规定处理。

第二十六条 出现本办法第十八条、第二十五条规定情形，或者其他终止实施股权激励计划的情形或激励对象未达到解除限售条件的，上市公司应当回购尚未解除限售的限制性股票，并按照《公司法》的规定进行处理。

对出现本办法第十八条第一款情形负有个人责任的，或出现本办法第十八条第二款情形的，回购价格不得高于授予价格；出现其他情形的，回购价格不得高于授予价格加上银行同期存款利息之和。

第二十七条 上市公司应当在本办法第二十六条规定的情形出现后及时召开董事会审议回购股份方案，并依法将回购股份方案提交股东大会批准。回购股份方案包括但不限于以下内容：

（一）回购股份的原因；

（二）回购股份的价格及定价依据；

（三）拟回购股份的种类、数量及占股权激励计划所涉及的标的股票的比例、占总股本的比例；

（四）拟用于回购的资金总额及资金来源；

（五）回购后公司股本结构的变动情况及对公司业绩的影响。

律师事务所应当就回购股份方案是否符合法律、行政法规、本办法的规定和股权激励计划的安排出具专业意见。

第四章 股票期权

第二十八条 本办法所称股票期权是指上市公司授予激励对象在未来一

定期限内以预先确定的条件购买本公司一定数量股份的权利。

激励对象获授的股票期权不得转让、不得用于担保或偿还债务。

第二十九条　上市公司在授予激励对象股票期权时，应当确定行权价格或者行权价格的确定方法。行权价格不得低于股票票面金额，且原则上不得低于下列价格较高者：

（一）股权激励计划草案公布前 1 个交易日的公司股票交易均价；

（二）股权激励计划草案公布前 20 个交易日、60 个交易日或者 120 个交易日的公司股票交易均价之一。

上市公司采用其他方法确定行权价格的，应当在股权激励计划中对定价依据及定价方式作出说明。

第三十条　股票期权授权日与获授股票期权首次可行权日之间的间隔不得少于 12 个月。

第三十一条　在股票期权有效期内，上市公司应当规定激励对象分期行权，每期时限不得少于 12 个月，后一行权期的起算日不得早于前一行权期的届满日。每期可行权的股票期权比例不得超过激励对象获授股票期权总额的 50%。

当期行权条件未成就的，股票期权不得行权或递延至下期行权，并应当按照本办法第三十二条第二款规定处理。

第三十二条　股票期权各行权期结束后，激励对象未行权的当期股票期权应当终止行权，上市公司应当及时注销。

出现本办法第十八条、第三十一条规定情形，或者其他终止实施股权激励计划的情形或激励对象不符合行权条件的，上市公司应当注销对应的股票期权。

第五章　实施程序

第三十三条　上市公司董事会下设的薪酬与考核委员会负责拟订股权激励计划草案。

第三十四条 上市公司实行股权激励，董事会应当依法对股权激励计划草案作出决议，拟作为激励对象的董事或与其存在关联关系的董事应当回避表决。

董事会审议本办法第四十六条、第四十七条、第四十八条、第四十九条、第五十条、第五十一条规定中有关股权激励计划实施的事项时，拟作为激励对象的董事或与其存在关联关系的董事应当回避表决。

董事会应当在依照本办法第三十七条、第五十四条的规定履行公示、公告程序后，将股权激励计划提交股东大会审议。

第三十五条 独立董事及监事会应当就股权激励计划草案是否有利于上市公司的持续发展，是否存在明显损害上市公司及全体股东利益的情形发表意见。

独立董事或监事会认为有必要的，可以建议上市公司聘请独立财务顾问，对股权激励计划的可行性、是否有利于上市公司的持续发展、是否损害上市公司利益以及对股东利益的影响发表专业意见。上市公司未按照建议聘请独立财务顾问的，应当就此事项作特别说明。

第三十六条 上市公司未按照本办法第二十三条、第二十九条定价原则，而采用其他方法确定限制性股票授予价格或股票期权行权价格的，应当聘请独立财务顾问，对股权激励计划的可行性、是否有利于上市公司的持续发展、相关定价依据和定价方法的合理性、是否损害上市公司利益以及对股东利益的影响发表专业意见。

第三十七条 上市公司应当在召开股东大会前，通过公司网站或者其他途径，在公司内部公示激励对象的姓名和职务，公示期不少于10天。

监事会应当对股权激励名单进行审核，充分听取公示意见。上市公司应当在股东大会审议股权激励计划前5日披露监事会对激励名单审核及公示情况的说明。

第三十八条 上市公司应当对内幕信息知情人在股权激励计划草案公告前6个月内买卖本公司股票及其衍生品种的情况进行自查，说明是否存在内幕交易行为。

知悉内幕信息而买卖本公司股票的，不得成为激励对象，法律、行政法规及相关司法解释规定不属于内幕交易的情形除外。

泄露内幕信息而导致内幕交易发生的，不得成为激励对象。

第三十九条　上市公司应当聘请律师事务所对股权激励计划出具法律意见书，至少对以下事项发表专业意见：

（一）上市公司是否符合本办法规定的实行股权激励的条件；

（二）股权激励计划的内容是否符合本办法的规定；

（三）股权激励计划的拟订、审议、公示等程序是否符合本办法的规定；

（四）股权激励对象的确定是否符合本办法及相关法律法规的规定；

（五）上市公司是否已按照中国证监会的相关要求履行信息披露义务；

（六）上市公司是否为激励对象提供财务资助；

（七）股权激励计划是否存在明显损害上市公司及全体股东利益和违反有关法律、行政法规的情形；

（八）拟作为激励对象的董事或与其存在关联关系的董事是否根据本办法的规定进行了回避；

（九）其他应当说明的事项。

第四十条　上市公司召开股东大会审议股权激励计划时，独立董事应当就股权激励计划向所有的股东征集委托投票权。

第四十一条　股东大会应当对本办法第九条规定的股权激励计划内容进行表决，并经出席会议的股东所持表决权的 2/3 以上通过。除上市公司董事、监事、高级管理人员、单独或合计持有上市公司 5% 以上股份的股东以外，其他股东的投票情况应当单独统计并予以披露。

上市公司股东大会审议股权激励计划时，拟为激励对象的股东或者与激励对象存在关联关系的股东，应当回避表决。

第四十二条　上市公司董事会应当根据股东大会决议，负责实施限制性股票的授予、解除限售和回购以及股票期权的授权、行权和注销。上市公司监事会应当对限制性股票授予日及期权授予日激励对象名单进行核实并发表意见。

第四十三条 上市公司授予权益与回购限制性股票、激励对象行使权益前，上市公司应当向证券交易所提出申请，经证券交易所确认后，由证券登记结算机构办理登记结算事宜。

第四十四条 股权激励计划经股东大会审议通过后，上市公司应当在 60 日内授予权益并完成公告、登记；有获授权益条件的，应当在条件成就后 60 日内授出权益并完成公告、登记。上市公司未能在 60 日内完成上述工作的，应当及时披露未完成的原因，并宣告终止实施股权激励，自公告之日起 3 个月内不得再次审议股权激励计划。根据本办法规定上市公司不得授出权益的期间不计算在 60 日内。

第四十五条 上市公司应当按照证券登记结算机构的业务规则，在证券登记结算机构开设证券账户，用于股权激励的实施。

激励对象为境内工作的外籍员工的，可以向证券登记结算机构申请开立证券账户，用于持有或卖出因股权激励获得的权益，但不得使用该证券账户从事其他证券交易活动。

尚未行权的股票期权，以及不得转让的标的股票，应当予以锁定。

第四十六条 上市公司在向激励对象授出权益前，董事会应当就股权激励计划设定的激励对象获授权益的条件是否成就进行审议，独立董事及监事会应当同时发表明确意见。律师事务所应当对激励对象获授权益的条件是否成就出具法律意见。

上市公司向激励对象授出权益与股权激励计划的安排存在差异时，独立董事、监事会（当激励对象发生变化时）、律师事务所、独立财务顾问（如有）应当同时发表明确意见。

第四十七条 激励对象在行使权益前，董事会应当就股权激励计划设定的激励对象行使权益的条件是否成就进行审议，独立董事及监事会应当同时发表明确意见。律师事务所应当对激励对象行使权益的条件是否成就出具法律意见。

第四十八条　因标的股票除权、除息或者其他原因需要调整权益价格或者数量的，上市公司董事会应当按照股权激励计划规定的原则、方式和程序进行调整。

律师事务所应当就上述调整是否符合本办法、公司章程的规定和股权激励计划的安排出具专业意见。

第四十九条　分次授出权益的，在每次授出权益前，上市公司应当召开董事会，按照股权激励计划的内容及首次授出权益时确定的原则，决定授出的权益价格、行使权益安排等内容。

当次授予权益的条件未成就时，上市公司不得向激励对象授予权益，未授予的权益也不得递延下期授予。

第五十条　上市公司在股东大会审议通过股权激励方案之前可对其进行变更。变更须经董事会审议通过。

上市公司对已通过股东大会审议的股权激励方案进行变更的，应当及时公告并提交股东大会审议，且不得包括下列情形：

（一）导致加速行权或提前解除限售的情形；

（二）降低行权价格或授予价格的情形。独立董事、监事会应当就变更后的方案是否有利于上市公司的持续发展，是否存在明显损害上市公司及全体股东利益的情形发表独立意见。律师事务所应当就变更后的方案是否符合本办法及相关法律法规的规定、是否存在明显损害上市公司及全体股东利益的情形发表专业意见。

第五十一条　上市公司在股东大会审议股权激励计划之前拟终止实施股权激励的，需经董事会审议通过。

上市公司在股东大会审议通过股权激励计划之后终止实施股权激励的，应当由股东大会审议决定。

律师事务所应当就上市公司终止实施激励是否符合本办法及相关法律法规的规定、是否存在明显损害上市公司及全体股东利益的情形发表专业意见。

第五十二条　上市公司股东大会或董事会审议通过终止实施股权激励计划决议，或者股东大会审议未通过股权激励计划的，自决议公告之日起 3 个月内，上市公司不得再次审议股权激励计划。

第六章　信息披露

第五十三条　上市公司实行股权激励，应当真实、准确、完整、及时、公平地披露或者提供信息，不得有虚假记载、误导性陈述或者重大遗漏。

第五十四条　上市公司应当在董事会审议通过股权激励计划草案后，及时公告董事会决议、股权激励计划草案、独立董事意见及监事会意见。

上市公司实行股权激励计划依照规定需要取得有关部门批准的，应当在取得有关批复文件后的 2 个交易日内进行公告。

第五十五条　股东大会审议股权激励计划前，上市公司拟对股权激励方案进行变更的，变更议案经董事会审议通过后，上市公司应当及时披露董事会决议公告，同时披露变更原因、变更内容及独立董事、监事会、律师事务所意见。

第五十六条　上市公司在发出召开股东大会审议股权激励计划的通知时，应当同时公告法律意见书；聘请独立财务顾问的，还应当同时公告独立财务顾问报告。

第五十七条　股东大会审议通过股权激励计划及相关议案后，上市公司应当及时披露股东大会决议公告、经股东大会审议通过的股权激励计划以及内幕信息知情人买卖本公司股票情况的自查报告。股东大会决议公告中应当包括中小投资者单独计票结果。

第五十八条　上市公司分次授出权益的，分次授出权益的议案经董事会审议通过后，上市公司应当及时披露董事会决议公告，对拟授出的权益价格、行使权益安排、是否符合股权激励计划的安排等内容进行说明。

第五十九条　因标的股票除权、除息或者其他原因调整权益价格或者数量的，调整议案经董事会审议通过后，上市公司应当及时披露董事会决议公告，同时公告律师事务所意见。

第六十条 上市公司董事会应当在授予权益及股票期权行权登记完成后、限制性股票解除限售前，及时披露相关实施情况的公告。

第六十一条 上市公司向激励对象授出权益时，应当按照本办法第四十四条规定履行信息披露义务，并再次披露股权激励会计处理方法、公允价值确定方法、涉及估值模型重要参数取值的合理性、实施股权激励应当计提的费用及对上市公司业绩的影响。

第六十二条 上市公司董事会按照本办法第四十六条、第四十七条规定对激励对象获授权益、行使权益的条件是否成就进行审议的，上市公司应当及时披露董事会决议公告，同时公告独立董事、监事会、律师事务所意见以及独立财务顾问意见（如有）。

第六十三条 上市公司董事会按照本办法第二十七条规定审议限制性股票回购方案的，应当及时公告回购股份方案及律师事务所意见。回购股份方案经股东大会批准后，上市公司应当及时公告股东大会决议。

第六十四条 上市公司终止实施股权激励的，终止实施议案经股东大会或董事会审议通过后，上市公司应当及时披露股东大会决议公告或董事会决议公告，并对终止实施股权激励的原因、股权激励已筹划及实施进展、终止实施股权激励对上市公司的可能影响等作出说明，并披露律师事务所意见。

第六十五条 上市公司应当在定期报告中披露报告期内股权激励的实施情况，包括：

（一）报告期内激励对象的范围；

（二）报告期内授出、行使和失效的权益总额；

（三）至报告期末累计已授出但尚未行使的权益总额；

（四）报告期内权益价格、权益数量历次调整的情况以及经调整后的最新权益价格与权益数量；

（五）董事、高级管理人员各自的姓名、职务以及在报告期内历次获授、行使权益的情况和失效的权益数量；

（六）因激励对象行使权益所引起的股本变动情况；

（七）股权激励的会计处理方法及股权激励费用对公司业绩的影响；

（八）报告期内激励对象获授权益、行使权益的条件是否成就的说明；

（九）报告期内终止实施股权激励的情况及原因。

第七章　监督管理

第六十六条　上市公司股权激励不符合法律、行政法规和本办法规定，或者上市公司未按照本办法、股权激励计划的规定实施股权激励的，上市公司应当终止实施股权激励，中国证监会及其派出机构责令改正，并书面通报证券交易所和证券登记结算机构。

第六十七条　上市公司未按照本办法及其他相关规定披露股权激励相关信息或者所披露的信息有虚假记载、误导性陈述或者重大遗漏的，中国证监会及其派出机构对公司及相关责任人员采取责令改正、监管谈话、出具警示函等监管措施；情节严重的，依照《证券法》予以处罚；涉嫌犯罪的，依法移交司法机关追究刑事责任。

第六十八条　上市公司因信息披露文件有虚假记载、误导性陈述或者重大遗漏，导致不符合授予权益或行使权益安排的，未行使权益应当统一回购注销，已经行使权益的，所有激励对象应当返还已获授权益。对上述事宜不负有责任的激励对象因返还已获授权益而遭受损失的，可按照股权激励计划相关安排，向上市公司或负有责任的对象进行追偿。

董事会应当按照前款规定和股权激励计划相关安排收回激励对象所得收益。

第六十九条　上市公司实施股权激励过程中，上市公司独立董事及监事未按照本办法及相关规定履行勤勉尽责义务的，中国证监会及其派出机构采取责令改正、监管谈话、出具警示函、认定为不适当人选等措施；情节严重的，依照《证券法》予以处罚；涉嫌犯罪的，依法移交司法机关追究刑事责任。

第七十条　利用股权激励进行内幕交易或者操纵证券市场的，中国证监会及其派出机构依照《证券法》予以处罚；情节严重的，对相关责任人员实施市场禁入等措施；涉嫌犯罪的，依法移交司法机关追究刑事责任。

第七十一条　为上市公司股权激励计划出具专业意见的证券服务机构和人员未履行勤勉尽责义务，所发表的专业意见存在虚假记载、误导性陈述或者重大遗漏的，中国证监会及其派出机构对相关机构及签字人员采取责令改正、监管谈话、出具警示函等措施；情节严重的，依照《证券法》予以处罚；涉嫌犯罪的，依法移交司法机关追究刑事责任。

第八章　附则

第七十二条　本办法下列用语具有如下含义：

标的股票：指根据股权激励计划，激励对象有权获授或者购买的上市公司股票。

权益：指激励对象根据股权激励计划获得的上市公司股票、股票期权。

授出权益（授予权益、授权）：指上市公司根据股权激励计划的安排，授予激励对象限制性股票、股票期权的行为。

行使权益（行权）：指激励对象根据股权激励计划的规定，解除限制性股票的限售、行使股票期权购买上市公司股份的行为。

分次授出权益（分次授权）：指上市公司根据股权激励计划的安排，向已确定的激励对象分次授予限制性股票、股票期权的行为。

分期行使权益（分期行权）：指根据股权激励计划的安排，激励对象已获授的限制性股票分期解除限售、已获授的股票期权分期行权的行为。

预留权益：指股权激励计划推出时未明确激励对象、股权激励计划实施过程中确定激励对象的权益。授予日或者授权日：指上市公司向激励对象授予限制性股票、股票期权的日期。授予日、授权日必须为交易日。

限售期：指股权激励计划设定的激励对象行使权益的条件尚未成就，限制性股票不得转让、用于担保或偿还债务的期间，自激励对象获授限制性股票完成登记之日起算。

可行权日：指激励对象可以开始行权的日期。可行权日必须为交易日。

授予价格：上市公司向激励对象授予限制性股票时所确定的、激励对象获得上市公司股份的价格。

行权价格：上市公司向激励对象授予股票期权时所确定的、激励对象购买上市公司股份的价格。

标的股票交易均价：标的股票交易总额/标的股票交易总量。

本办法所称的"以上""以下"含本数，"超过""低于""少于"不含本数。

第七十三条　国有控股上市公司实施股权激励，国家有关部门对其有特别规定的，应当同时遵守其规定。

第七十四条　本办法适用于股票在上海、深圳证券交易所上市的公司。

第七十五条　本办法自 2016 年 8 月 13 日起施行。原《上市公司股权激励管理办法（试行）》（证监公司字〔2005〕151 号）及相关配套制度同时废止。

参考文献

1. 王文书．企业股权激励实务操作指引［M］．北京：中国民主法制出版社有限公司，2011.

2. 单海洋．非上市公司股权激励一本通［M］．北京：北京大学出版社，2014.

3. 段磊，周剑．分股合心：股权激励这样做［M］．北京：中华工商联合出版社，2016.

4. 资料其他来源：网络.